Georg Gremels

Wie hast du's mit der Religion, Matthias?

Claudius und die Gretchenfrage

francke

Über den Autor:

Georg Gremels stammt aus Marburg und studierte Chemie und Theologie. Er arbeitete als Vikar in Kolumbien, als Pastor bei Eschwege und als Volksmissionar im Ev.-Luth. Missionswerk (ELM). 1992 promovierte er zum Doktor der Theologie und war danach mit leitender Verantwortung in der Deutschlandarbeit des ELM engagiert. Seit 2013 verbringt er seinen Ruhestand in Hermannsburg.

Bibliografische Information Der Deutschen Bibliothek
Die Deutsche Bibliothek verzeichnet diese Publikation
in der Deutschen Nationalbibliografie;
detaillierte bibliografische Daten sind im Internet
über http://dnb.ddb.de abrufbar.

ISBN 978-3-86827-473-8
Alle Rechte vorbehalten
© 2014 by Verlag der Francke-Buchhandlung GmbH
35037 Marburg an der Lahn
Umschlagbild: © iStockphoto.com / DNY59
Umschlaggestaltung: Verlag der Francke-Buchhandlung GmbH,
Sven Gerhardt
Satz: Verlag der Francke-Buchhandlung GmbH
Printed in Czech Republic

www.francke-buch.de

Inhalt

Vorwort

Als es in den 40er Jahren des 19. Jahrhunderts, gut dreißig Jahre nach dem Tod von Matthias Claudius, um die Frage einer ersten Biografie über den Wandsbeker Boten ging, schrieb einer seiner Söhne, Fritz Claudius, damals Senator in der Hansestadt Lübeck, über seinen Vater an den Neffen Friedrich Perthes in Hamburg:

> „Und doch ist gerade die religiöse Richtung seines Charakters die Hauptsache, ohne deren Verständnis das Bild unwahr und unähnlich sein muß. Der Hauptberuf seines Lebens war, wie er (…) sagt, mit der Botschaft von einem größeren Herrn umherzugehen und an Türen und Fenstern anzuklopfen. Wer diese Lebensrichtung nicht zu würdigen weiß, der kann den Charakter Papas nicht in der Tiefe auffassen , wie er aufgefaßt werden muß, wie er war."

Zahlreiche Biografien hat es seitdem gegeben, aus jeder Geistesrichtung, in denen die Frömmigkeit von Claudius zu Worte kam. Darin reiht sich nun Georg Gremels Buch über die „Gretchenfrage" bei Matthias Claudius mit ein. In Form eines fiktiven Briefwechsels zwischen Elias und Leon versucht Gremels uns den Glauben und die Frömmigkeit des Wandsbeker Boten nahe zu bringen. Darin sind uns die Fragen des modernen kritischen Zeitgenossen eng eingewoben, als Spiegel einer uns eigenen „Gretchenfrage": Wie halten wir das eigentlich mit der Religion? Aus langer Weggemeinschaft und Freundschaft mit Georg Gremels, aus einem stets lebendigen und intensiven Dialog auch über die „Gretchenfrage", dem ich selbst viel in meinem „Hauptberuf" zu verdanken habe, möchte ich dem Leser dieses Büchlein anempfehlen. Natürlich im Wesentlichen in der Hoffnung auf eine wachsende Neugier auf den Wandsbeker Boten selbst, von dessen Aktualität ich überzeugt bin. Claudius war kein Pastor! Aber wer sich auf ihn einlässt, bei dem klopft er mit seiner Botschaft auch heute noch an „Türen und Fenster(n)". Ist doch die Frage „Wie hast du's mit der Religion?" in jedem Fall noch die unsere.

Hamburg, im Juni 2014
Richard Hölck,
Pastor der Christuskirche in Wandsbek

An meine Leserinnen und Leser: Statt einer Einleitung

Lieber Leserinnen und Leser,

weil Sie das Kommende verwundern könnte, will ich mich persönlich an Sie wenden. Denn in diesem etwas eigenartigen Briefwechsel zwischen Leon und Elias fehlen Leons Briefe. Nur aus Elias' Antworten lässt sich da und dort erschließen, was Leon geschrieben haben mag. Sodann ist ganz deutlich zu spüren, dass Elias – ergriffen von Matthias Claudius' Werk – diesen Wandsbeker Boten seinem Freund Leon näher bringen will. Dabei fällt auf, wie oft der Briefwechsel mit eigenen Entdeckungen und vielen Parallelen zur Lektüre anderer Werke gespickt ist. Er müht sich dabei besonders, das Aktuelle des Wandsbeker Dichters zu erkennen, dessen Todestag sich 2015 zum 200. Mal jährt und welcher im gleichen Jahr seinen 275. Geburtstag feiert.

Offensichtlich ist Elias so von der Aktualität seiner Erkenntnisse bei Claudius begeistert, dass er in seine Briefe an Leon viel Kluges aufnimmt. Wen das Gelehrte und Wissenschaftliche lockt, der sei für Weiterführendes auf die Anmerkungen verwiesen. Ganz konnte Elias der Versuchung nicht widerstehen, die Früchte seiner philosophischen Lektüre Leon mitzuteilen, frönen sie beide doch der gleichen Leidenschaft. Wem das zu kompliziert ist, der kann das Eingerückte überspringen und ungestört dort weiterlesen, wo es zu Ende ist. Elias hat ohnehin seine Lesefrüchte mit eigenen Worten aufgegriffen. Überhaupt ist es jederzeit möglich, Briefe zu überspringen und dort einzusetzen, wo es Ihnen, liebe Leserin und lieber Leser, interessant zu werden scheint. In der Regel steht jeder Brief für sich; zuweilen gehören einige Briefe zusammen, weil Elias die Stofffülle eines Themas nicht in einem einzigen Brief unterbringen konnte.

Damit sich niemand an den Anmerkungen stört, habe ich sie ans Ende des Buches verbannt. Die einfachen Zahlen in Klammern beziehen sich auf die *Sämtlichen Werke* Matthias Claudius', aus denen Elias Vieles entnimmt.[0] Sie wollen wissen, was sich darin finden könnte? Besser als Peter Berglar, einer seiner Biografien, kann ich es nicht sagen:

„Dies *Büchel,* wie der Verfasser es nennt, die *Schnurrpfeiereien* bilden ein höchst eigenartiges, in ihrer Zusammensetzung eigentlich mit nichts anderem in unserer Literatur zu vergleichendes Sammelsurium von Gedichten, darunter einige der schönsten deutscher Sprache, Rezensionen, fingierten Briefen an den fingierten Vetter Andres, drolligen, kauzigen, sarkastischen Reimereien, Verschen, Epigrammen, von tiefdringenden religiösen Erörterung, philosophischen Abhandlungen, erdachten Gesprächen, von Huldigungspoemen, Gelegenheitsliedern, Bibelauslegungen: Farbe und Fülle des Lebens, des wirklichen Lebens – gleich weit entfernt von idealisch-esoterischem Realitätsschwund wie von dumpfer Vulgarität; Nöte und Freuden, Tränen und Gelächter, Spott und Selbstironie, Nachdenklichkeit und Ulk, Glaube und Demut wirklicher Menschen, nicht aus der Norm herausgehobener Ausnahmewesen und auch nicht verkümmerter Weltverächter."[1]

Was nun die Zahlen im Text angeht: Ich vermute, es ist eine liebgewordene Angewohnheit aus Zeiten, in denen Leon noch der strengen Wissenschaft huldigte. Daher stammen auch die vermehrten Anführungszeichen, wenn es sich um Zitate aus Zitaten handelt. Und noch eins: An manchen Stellen ist die alte Rechtschreibung in den Zitaten für uns heute gewöhnungsbedürftig.

Damals hatte Elias es überdies immer sehr zu schätzen gewusst, wenn bei Zitaten die Fundstellen genau angegeben wurden. Daran hat er sich auch hier gehalten. Vielleicht hatte er aber noch mehr im Sinn: Sie, meine Leserinnen, meine Leser zu verlocken, doch selbst in dieses faszinierende Werk des Wandsbeker Boten und die andere Literatur hineinzusehen und sich ein eigenes Bild zu machen. Mich sollte nicht wundern, wenn Elias' Briefe Sie neugierig auf das Sammelsurium von Tiefsinn und Humor, Weisheit und Scherz, Nachdenklichem und Gelehrtem machen und Sie selbst in Claudius' Werken zu stöbern beginnen. Sie sind eine Fundgrube, aus der Elias nur das Wenigste ausschöpfen konnte.

Zur Auflockerung hat Elias aus verschiedenen Quellen Bilder zusammengetragen. Zwei Künstler sind dabei besonders hervorzuheben: Johann Martin Preisler, den Claudius in Kopenhagen kennenlernt und bei dem er Bilder für die ersten zwei Teile seiner Werke bestellt, und Daniel Chodowiecki, bei dem er für den vierten Teil seines *Wandsbeker Boten* vier Kupferstiche bestellt.[2] Beiden weiß er sehr genau zu beschreiben, wie die bestellten Bilder aussehen sollen (BR I, 297-299).[3] Anbei: Mit Claudius' *Sämtlichen Werken* und seinen beiden Briefbänden deckt Elias seine Originalquellen auf.

Manch einem könnte zu viel von Claudius' Ausführungen aufgenommen worden sein. Das aber wird Elias, wie ich ihn kenne, in voller Absicht getan haben. Denn ihm liegt viel am Originalton des Boten. Und welcher Leser hat schon die *Sämtlichen Werke* neben sich liegen und würde in zwei Büchern parallel schmökern? Deswegen hat Elias den Boten selbst tüchtig zu Wort kommen lassen.

Genug der Worte vorweg. Besonders bedanke ich mich bei denen, die am Zustandekommen dieses Buches mitgewirkt haben: Richard Hölck für das Vorwort, Volker Brinkmann, Ulrich Mitzlaff und meiner Frau Dorothea für ihre Kommentare und Verbesserungen. Schließlich geht mein Dank ebenso an den Franckeverlag und Anne Meiß, ohne die dieses Buch niemals das Licht der Welt erblickt hätte.

Hermannsburg, im Juni 2014
Georg Gremels

Nach einem Gemälde von Friederike Leisching.

1. Brief

Claudius und die Gretchenfrage

Lieber Leon,

danke für Deine Zeilen, die mir bestätigen, worüber wir auf meinem letzten Besuch bei Dir übereingekommen sind. Ich hatte Dir erzählt, dass mich Matthias Claudius als Dichter und Denker von Neuem fasziniert, ja, regelrecht ergriffen hat. Und dass ich mir nichts sehnlicher wünsche, als mich mit Dir darüber auszutauschen. Deine so kritischen wie förderlichen Nachfragen haben mich – wie Du weißt – schon immer inspiriert. Und Du hast meine ausgestreckte Hand ergriffen und eingeschlagen. Also in medias res – in die Mitte der Sachen – und damit zu den „*Sämtlichen Werken des Wandsbecker Bothen*".

Ich hatte Dir von meiner Idee erzählt, das Werk dieses Mannes mit der berühmten Gretchenfrage zu entschlüsseln! Das findest Du kühn, ja, sogar frech: „*Wie hast du's mit der Religion, Matthias?*" Ausgerechnet mit Goethe Claudius näherkommen zu wollen! Nun schreibst Du, ob ich denn nicht wisse, dass die beiden sich nicht eben grün gewesen seien? Natürlich weiß ich das und habe mir die Mühe gemacht, in Goethes Faust nachzusehen. Die Frage gehört in die Liebesgeschichte Fausts und Margaretes. In ihrem von der Liebe zu Heinrich aufgewühlten Herzen singt sie am Spinnrad: „Meine Ruh ist hin, mein Herz ist schwer ..."[4] Danach trifft sie Faust und stellt ihm die berühmte Gretchenfrage (WGIII, 3415f): „Nun sag, wie hast du's mit der Religion? / Allein ich glaub' Du hältst nicht viel davon." Da hat sie ihre Frage schon selbst beantwortet, bevor Faust auch nur den Mund hätte aufmachen können!

Wie naiv und doch zugleich wie ahnungsvoll ist Gretchen!

Goethe legt ihr, diesem schlichten, gutgläubigen Mädchen, die Frage nach der Religion in den Mund. Ihrem Faust dagegen – hinter dem sich gewiss der Dichter selbst verbirgt – ist der Zugang zum Christentum schon längst verlorengegangen. Von Zweifeln geplagt, verbündet er sich mit den Mächten der Tiefe. Er kann auf den Pfaden der Tradition nicht mehr zu dem finden, „was die Welt im Innersten zusammenhält" (WG III, 382f).

Faust erklärt seiner Margarete daher mit vielen, klugen Worten seine Auffassung vom Göttlichen und endet (WG III, 3456f): „Gefühl ist alles; / Name ist Schall und Rauch ..." Schall und Rauch – sprichwörtlich ist das geworden – sind für Faust Namen, Begriffe und Dogmen der Kirche. Sie vernebeln ihm echte Gefühle und eine Ergriffenheit durchs Unsagbare. Doch seine gewaltigen Gedankenflüge können Gretchen nicht betören. Sie ahnt hellsichtig, dass es mit dem Glauben ihres Heinrichs nicht weit her sein kann, und stellt nüchtern fest (WGIII, 3466-3468): „Wenn man's so hört, möcht's leidlich scheinen, / Steht aber doch immer schief darum; / Denn du hast kein Christentum."

Welten trennen Gretchen und Faust in der Religion, obwohl sie einander lieben. Das gilt auch für seinen Dichter, der weit mehr vom klassischen Altertum, von dessen Göttern und Sagen, als von biblischen Geschichten bewegt wurde. Welten trennen daher auch Goethe und Claudius. Der Riss zwischen beiden entsteht aus ihrer Haltung zur Religion. Der eine sprengt im Sturm und Drang die Fesseln der vermeintlich überkommenen Christlichkeit, der andere bleibt der Religion der Väter treu. Leon, vergleiche doch nur den Anfang von Goethes *Prometheus* mit einer Strophe aus dem Abendlied von Claudius (WG I, 44):

„Bedecke deinen Himmel, Zeus, /
Mit Wolkendunst! /
Und übe, Knaben gleich, /
Der Disteln köpft, /
An Eichen dich und Bergeshöh'n! /
Musst mir meine Erde /
Doch lassen steh'n, /
Und meine Hütte, /

Die du nicht gebaut, /
Und meinen Herd, /
Um dessen Glut /
Du mich beneidest."

Dagegen stelle ich eine Strophe aus Claudius' Abendlied (EG 482,4)[5]:

„Wir stolze(n) Menschenkinder /
Sind eitel arme Sünder,
Und wissen gar nicht viel;
Wir spinnen Luftgespinste, /
Und suchen viele Künste,
Und kommen weiter von dem Ziel."

Welten liegen zwischen stolzer Selbstgewissheit des Prometheus und verzagter Selbstverfehlung des Abendliedes! Schon hier lässt sich ahnen, dass die beiden Dichter kaum zueinander finden werden. Umso spannender finde ich dennoch, mit Goethes Frage bei Claudius Antwort zu suchen: *Wie hast du's mit der Religion?* Soviel kann ich Dir schon verraten: Der Bote aus Wandsbek hat es durch und durch mit ihr, und zwar mit der christlichen!

Aber lässt sich der geniale Weltstar am Dichterhimmel Deutschlands, Johann Wolfgang von Goethe, mit dem bescheidenen Schriftsteller Matthias Claudius aus Wandsbek vergleichen? Doch, denn auch dieser ist ein Genie, allerdings ein religiöses! Als solches hat er sich in die Herzen der Menschen hineingesungen. Er hält das Christentum nicht für eine durch die Aufklärung erklärbare Phase der Menschheit. Er lässt sich von Zweifeln an den religiösen Überlieferungen den Glauben an Jesus Christus als Sohn Gottes nicht madig machen. Sondern er vertritt ihn ohne Scheu vor Gelehrten und Mächtigen. Und er tut es mit der ganzen Klarheit seines Denkens, seinem hintersinnigen Humor, seinem Spiel mit Andeutungen aus Mythologie und Bibel und mit der Schärfe seines Spotts. Allein um dieses Mutes willen lohnt es sich, ihm nachzuspüren.

Warum ich ausgerechnet zum heutigen Zeitpunkt die Auseinandersetzung mit dem Wandsbeker Boten aufgreife? Abgesehen vom festlichen Gedenkjahr anlässlich seines 200. Todestages kam mir ein aufregender Gedanke: Matthias Claudius wollte damals über die Aufklärung aufklären, welche viele Geister Europas mit sich riss. Er stemmte sich dagegen und tat das mit einer solchen Leidenschaft und mit Gründen, die doch bis heute ihre Gültigkeit haben. Ich will Dir das an einer einzigen Zeile aus seinem Brief *An meinen Sohn Johannes* demonstrieren (546): „Was im Hirn ist, das ist im Hirn; und Existenz ist die erste aller Eigenschaften." So kurz und prägnant ist dieser Satz, dass ich ihn lange Zeit selbst nicht verstanden habe, insbesondere seine erste Hälfte nicht.

Was meint er damit? „Was im Hirn ist, das ist im Hirn." Damit lässt sich seine Kritik am engstirnigen Teil der Aufklärung zusammenfassen. Er gehört ja selbst zu den aufgeklärten Menschen und nimmt deren Schärfe des Denkens für sich genauso in Anspruch wie andere. Aber in Gedanken lässt sich vieles vorstellen, ohne dass das Vorgestellte schon lebenstauglich wäre. Das ist doch die Gefahr vieler Kopfgeburten. Sie sind nur Ideen, Träume, Wünsche, Fantasien und Vorstellungen. Weil sie als verlockende Gedanken faszinieren können, können sie Menschen zu hochgemuten Schritten verleiten, mit denen sie am Ende existentiell scheitern müssen. Die Geschichte der Moderne ist voll von solchen Systemen und Weltanschauungen, die an der Wirklichkeit zerschellt sind, ob das beispielsweise der Faschismus in Deutschland, der Kommunismus in Russland oder die Apartheid in Südafrika sind. Und wenn Du mutig bist und in Dein eigenes Leben siehst, hast nicht auch Du schon einmal mit einer großen Vorstellung eine Bauchlandung gemacht?

Siehst Du, Leon, das fasziniert mich an Claudius. In wenigen Worten erfasst er hier das Kernproblem menschlichen Daseins. Wie nur wenige hat er klar erkannt und ebenso klar ausgesprochen, dass der Mensch in zwei Dimensionen lebt. Mit dem „Hirn" erfasst er zwar das Bleibende, das Ideale, seine Vorstellungen und Träume. Mit seinem körperlichen Dasein aber ist er in die Welt des ewigen Wandels und der Grenzen eingebunden. Doch er ist beides zugleich in einem einzigen Leben. Ständig ist er herausgefordert, das, was im Hirn ist, mit dem, was in seinem Körper liegt, zu einen.

Damit führt uns der Bote mitten in das Problem des Menschseins hinein. Hieran haben die Erfolge der Aufklärung nichts geändert, ob wir mit Kutschen fahren oder mit Autos, ob wir Briefe schreiben oder mit Smartphones hantieren. Matthias Claudius war zu seinen Zeiten ein Querdenker. Er wollte sich von einer schwärmerischen Verwirklichung aufklärerischer Ideale nicht verführen zu lassen. Er war deshalb auch nicht bereit, um des Neuen willen die Grundeinsichten der ererbten Religion über Bord zu werfen.

Viele ließen sich von der jungen Aufklärung und den Parolen der Revolution mitreißen. Sie meinten, mit dem Verstand nicht nur alles verstehen, sondern auch alles lenken zu können. Ja, in Paris wurde die Vernunft sogar zur Göttin erhoben. Ihre Herrschaft endete allerdings im Blutbad der Guillotine. Demgegenüber hielt der Wandsbeker Bote entschieden am christlichen Glauben fest. Mehr noch, er setzte alles dafür ein, auch andere von einer Vernunft zu überzeugen, die ihre Grenzen einsieht und so der Religion einen Freiraum gewährt. Verstehst Du nun tiefer, warum mich mein Vorhaben so begeistert? In einer Wissensgesellschaft stößt uns dieser Mann das Tor zu einer anderen Welt des Wissens, zum religiösen Wissen auf. Ich hoffe, das macht Dich neugierig.

Für heute,
Dein Elias

2. Brief

Claudius und Goethe – Der Bote nimmt kein Blatt vor den Mund

Lieber Leon,

genial fändest Du meinen Vergleich von Goethes Prometheus mit Claudius' Abendlied. Wie sich da erhabener Stolz und geknicktes Sünderbewusstsein einander gegenüberstehen! Doch so einfach, wie ich Dir die Weltgeschichte mit einem einzigen Satz des Wandsbeker Boten aufschlüsseln wolle, so einfach ginge es doch in der Tat nicht! Denn das wisse doch jedes Kind! Ohne die Erkenntnisse der Aufklärung säßen wir immer noch auf der bäuerlichen Scholle, wären der Herrschaft des Adels unterworfen und ständen unter der Knute der Dogmatiker und Kirchenfürsten.

Zuerst aber zu Deiner Hauptfrage: Ob ich noch Näheres zum Verhältnis zwischen Goethe und Claudius herausbringen könnte. Ich will es versuchen. Zunächst das Einfachste: Sie sind Zeitgenossen! Ihre gemeinsame Geschichte fing ganz positiv an, denn Claudius wurde Goethes erster Rezensent. Der Bote fand Gefallen an Goethes Kritik der institutionalisierten Kirche und des Dogmas von der Verdammung der Heiden (KC 7): Goethes Ausführungen seien „Fülle und Balsam in dünnen Hülsen, (...) nicht tauber Kern in dicken Schaalen."[6]

Aber mit Claudius' Rezension von Goethes *Die Leiden des jungen Werthers* tut sich ein Riss zwischen beiden auf. Dieser Briefroman erschien 1774 und wurde schnell zum Bestseller! Goethe wurde über Nacht zu einer Weltberühmtheit! Doch nun dazu Matthias Claudius' Rezension (44):

„Der arme Werther! Er hat sonst so feine Einfälle und Gedanken. Wenn er doch eine Reise nach Pareis (d. h. Paris) oder Peking getan hätte! So aber wollt er nicht weg von Feuer und Bratspieß, und wendet sich so lange dran herum, bis er kaputt ist. Und das ist eben das Unglück, dass einer bei so viel Geschick und Gaben so schwach sein kann ..." [7]

Zwar lehnten auch andere Kritiker den *Werther* wegen des Selbstmords ab. Aber der Bote tut es mit beißendem Spott. Werther mit einem Braten zu vergleichen, der am Spieß über dem Feuer geröstet wird, ist grob und grenzt an Geschmacklosigkeit. Leon, stell Dir für einen Moment vor, Du wärest Goethe! Würdest Du Dich nicht angewidert von einem solchen Rezensenten abwenden? Aus Sicht des Boten – die Form einmal beiseite gelassen – hat Goethe hier Entscheidendes versäumt. Durch den *Werther* würde das Leben nicht tauglich, sondern das Versagen im Leben geradezu vorbildlich gemacht und so die Existenz als erste aller Eigenschaften verfehlt!

Zwei Welten treffen in diesen beiden Männern aufeinander, die sich zunehmend polarisieren und zu einer wachsenden Entfremdung führen. Claudius vertritt mit seiner lebenspraktischen Einstellung eine christlich-moralische Lebenshaltung. Daher sein Rat, Werther hätte um die Dämpfung seiner Leidenschaften ringen müssen und sich in Reisen ablenken und zerstreuen sollen. Er krönt seine Kritik mit dem Gedicht eines lächerlich Lebensmüden, das er bestimmt nicht aus Versehen gerade hier folgen lässt (FRITZE, 44):

„Nun mag ich auch nicht länger leben,
Verhasst ist mir des Tages Licht;
Denn sie hat Franze Kuchen gegeben,
Mir aber nicht."

Das kann doch nur als höhnische Ironie auf den Selbstmord Werthers verstanden werden. Wahrhaftig, zimperlich geht Claudius mit Goethe nicht um!

Doch auch die andere Seite schweigt nicht. Aus der Perspektive der Weimarer werden die *Sämtlichen Werke* des *Wandsbecker Boten* im *Teutschen Merkur* scharf rezensiert:[8] „(E)er ist ein sehr geschäftiger Lobredner von Klopstock, und könnte sich, wenn er der leidigen Lobrednerei nicht so nachhinge, eigne Verdienste erwerben ...“ Daraufhin verteidigt sich der Bote, der sich selbst Asmus nennt, lang und breit über sechs Punkte, die ich Dir erspare. Claudius weiß also nicht nur auszuteilen, sondern muss auch einstecken. Die wachsende Entfremdung kann auch eine gelingend-misslingende Begegnung 1784 mit Goethe und Herder in Weimar nicht verhindern. Goethe ist zwar neugierig auf ihn und Claudius gewinnt durch sein Klavierspiel die Herzen, aber sonst bleiben sich beide Dichter fremd.

Friedrich Schiller zitiert in einem Brief an Goethe eine bittere Bemerkung Wilhelm von Humboldts (KC 18), „,von Claudius wisse er durchaus nichts zu sagen, er sey eine völlige Null.‘“ Bei Peter Berglar habe ich noch eine spätere Bemerkung Goethes an Herder gefunden, die von dessen nicht zu überwindender Distanz zeugt (PB 140):

> „,Mit den Genannten (Claudius, Lavater, Jacobi) war unser Verhältniß nur ein gutmüthiger Waffenstillstand von beiden Seiten, ich habe das wohl gewusst, nur was werden kann, kann werden. Es wird immer weitere Entfernung und endlich, wenn's recht gut geht, leise, lose Trennung werden. Der eine (Claudius) ist ein Narr, der voller Einfaltsprätensionen (d. h. einfältiger Anmaßungen) steckt. ‚Meine Mutter hat Gänse‘ singt sich mit bequemerer Naivetät als ein: ‚Allein Gott in der Höh‘ sei Ehr.‘“

Dass ausgerechnet der Nichtchrist Goethe dem tieffrommen Claudius ein Kirchenlied entgegenhält, hat seinen eigenen Witz! Aber Matthias macht es ihm auch nicht schwer. Nach zwei Wiegenliedern, in denen er den Mond rührend besingt, folgt nämlich jenes Dritte (NOCH EIN DITO FÜR BELESENE UND EMPFINDSAM PERSONEN; 78):

„Meine Mutter hat Gänse, /
Fünf blaue, /
Sechs graue; /
Sind das nicht Gänse?"

Leon, also ehrlich: Dass sich Goethe darüber mokiert, ist doch nur zu verständlich! Was soll dieser Unsinn? Oder siehst Du da einen Hintersinn, den ich noch nicht verstehe?

Bissiger wird der Ton in Goethes und Schillers Xenien im Musenalmanach 1797, in denen auch Claudius sein „Fett wegkriegt" (KC 20): „'Erreurs et verité – Irrtum wolltest Du bringen und Wahrheit, o Bote von Wandsbeck; Wahrheit, sie war Dir zu schwer; Irrtum den brachtest Du fort!'" Das bezog sich auf seine Übersetzung der umstrittenen mystischen Schriften Louis Claude de Saint Simons. Dies wird den Boten im Kern getroffen haben. Er schlägt also zurück (939): „DER BERÜHMTE ALMANACH ... /Fallen ist der Sterblichen Los. So fällt hier der Schiller, / Wie der Meister; doch stürzt dieser gefährlicher hin." Leon, Du siehst, wie sie hier schriftstellerisch ihre Klingen gekreuzt haben.

Doch auch wenn schriftlich scharf gefochten wurde, so sind diese Dichter und Denker alle miteinander vernetzt und gesellschaftlich verwoben. Beispielsweise schreibt Matthias seiner Tochter Caroline Perthes im Juli 1810 (Br II, 257): „Grüße Goethe, wenn er von Karlsbad zurück und wieder in Weimar wäre." Man geht eben trotz literarischer Fehden aufgrund vieler Querverbindungen höflich miteinander um!

Aber Du merkst hoffentlich: Auch bei diesen Koryphäen menschelt es. Eines will ich abschließend festhalten. Vor allem die unterschiedliche Antwort auf die Gretchenfrage trennt sie. Während Goethe eine christliche Antwort nicht mehr zu geben vermag, konzentrieren sich Claudius' *Sämtliche Werke* mehr und mehr darauf. Und so hat es doch etwas, wenn ich die beiden mit der Gretchenfrage verbinde: Wie hast du's mit der Religion? Claudius hat es mit ihr und will, dass auch wir es mit ihr haben!

Ich breche für heute ab und erwarte gespannt Deine Antwort,
Dein Elias

Daniel Nikolaus Chodowiecki (1726 – 1801)

3. Brief

Der Mond – ein Schlüssel zur Religion

Lieber Leon,

nach der Kritik des Boten am *Werther* willst Du also eine Lanze für Goethe brechen. In Walter Mugschs *Tragischer Literaturgeschichte* hast Du die tiefe Einsicht gefunden, dass sich Goethe in diesem Roman sein eigenes Leiden, ja, seine Gefährdung durch Selbstmord vom Leibe geschrieben habe:

> „Dieses Buch rettete Goethe das Leben. Bis in den krassen Realismus seines Schlusses hinein, wo der Selbstmörder als porträtgetreues Ebenbild des Dichters auf dem Boden ausgestreckt liegt, ist hier alles durch die rituelle Absicht bedingt, den Doppelgänger als Stellvertreter zu opfern. Werther ist als der berauschte Gefühlsmensch gezeichnet, der sich zur weltumschlingenden Allliebe steigert, aber an der verzehrenden Gewalt seiner Erschütterungen zugrunde geht, weil er nicht fähig ist, sich durch Gestaltung aus ihnen zu retten."[9]

Leon, ich muss Dir gestehen, dass vor diesem ernsten Hintergrund der derbe Humor des Boten noch unpassender wirkt. Ich kann mir gut vorstellen, dass Goethe sich durch die – aus seiner Sicht so spießbürgerlich-brave – Kritik eines Claudius verkannt gefühlt haben muss.

Das ist aber nur die eine Seite. Die Kritik der Weimarer lässt den armen Matthias nun doch zu schlecht wegkommen. Deswegen habe ich Dir ein paar andere Zeugnisse über ihn zusammengestellt. Johann Gottfried Herder äußert sich über

Claudius begeistert (PB 26): „Merck (ein Darmstädter Vorgesetzter Claudius') gegenüber nennt er Claudius ‚das größte Genie, das ich gefunden', ‚einen Freund von sonderbarem Geiste und von einem Herz, das wie Steinkohle glüht – still, stark und dampfigt'." Ich habe auch ein Zitat des Kritikers Karl Kraus gefunden (PB 141, *Die Fackel* 1917): „‚Von einem der allergrößten deutschen Dichter, Matthias Claudius ... hier einiges, zur Mahnung, in welcher Zeit wir leben. (Sollte ein Volk, dem ein solcher Dichter verschollen ist, das ihn im Lesebuch begraben hat und so von ihm weglebt, nicht reif für die Zwangsarbeit sein?)'" Und wie mir kürzlich ein guter Freund und Kenner Arthur Schopenhauers erzählte, hätte dieser in seinem Arbeitszimmer ein Bild von Claudius hängen gehabt. So klein, wie der Bote aus Wandsbek von manchem gemacht wird und wie er sich manchmal selbst zu machen schien, ist er weder zu seiner Zeit noch in seiner Wirkungsgeschichte gewesen.

Doch wer ist er, frage ich Dich, Leon? Es umgibt ihn, diesen scheinbar so naiven und doch intellektuell geschliffenen Geist, diesen bodenständigen Dichter und Denker mit Welthorizont, ein Geheimnis, das mich nicht zur Ruhe kommen lässt. Sein Biograf Peter Berglar gibt darauf eine erste, für mich treffende Antwort (PB 7): Er ist ein Mann „am Rande der Mitte"! Er begründet das so (PB 10): „Obwohl er mit Klopstock, Lessing, Wieland, Herder, Hamann, Goethe in Kontakt stand, lebte und wirkte er dennoch an der Peripherie ..." Ich kann dazu aus der Philosophie noch Spinoza, Kant, Hume, Mendelssohn und Jacobi und aus der Naturwissenschaft Francis Bacon und Isaak Newton ergänzen, ebenfalls große Namen, die normalerweise kaum jemand mit Matthias Claudius in Verbindung bringt.

Am Rande der Mitte! Geografisch liegt sein Wandsbek am Rande Hamburgs, literarisch liegen seine *Sämtlichen Werke* am Rande der großen Literatur und philosophisch steht er am Rande der Aufklärung. Auch in der Theologie wird er stiefmütterlich behandelt. Dabei wagt er es, sich mit der Hauptströmung seiner Zeit anzulegen, wie seine Biografin Annelen Kranefuss urteilt[10]: „Claudius gehört zu denjenigen Autoren seiner Zeit, die Aufklärung über die Aufklärung betrieben haben." Als Schriftsteller tritt er in einer Vielfalt von Rollen auf: als Pastorensohn, Journalist, Naturfreund, Familienvater, Spaßvogel, Dichter, Denker, Theologe, Christ, Briefeschreiber, Kritiker, Rezensent, Übersetzer, Weggefährte und Freimaurer. Vielleicht ist das einer der Gründe, dass Du ihn so schwer zu fassen bekommst. Eines ist er auf jeden Fall: ein unverwechselbares Original!

Doch nun zu meinem Hauptproblem: Wie und mit was kann ich bei ihm anfangen? Nach einigem Überlegen fiel mir ein, dass ich es wie bei einer Oper machen könnte. Dort klingt in einer Ouvertüre alles Kommende schon einmal an. Kein Werk des *Wandsbeker Boten* scheint mir dafür geeigneter – allerdings auch bekannter – als sein *Abendlied* zu sein. Schon die beiden ersten Worte haben es in sich: „Der Mond"! Wie mit einem Paukenschlag eröffnet er mit diesem Nachtgestirn sein Gedicht.

Wie kommt Mattias Claudius dazu, den Mond – und nicht nur in diesem Lied – zu besingen? Warum hat er nicht die Sonne gleichermaßen besungen und ist damit berühmt geworden? Doch, das hat er, wenn auch spärlicher. Aber ein Sonnengedicht dient ihm hauptsächlich dazu, eine Gelehrsamkeit zu verspotten, die alles und jedes darin mit Zitaten aus der Antike spickt.[11] Was könnte dem Mond eine so herausragende Stellung im Werk dieses Dichters gegeben haben? Meine Antwort: Matthias steht am Anfang der Aufklärung, deren Name mit dem Lichtvollen verbunden ist. Deutlich tritt das in anderen Sprachen hervor: Sie heißt enlightenment im Englischen und sie wird Siècle des Lumières – das Jahrhundert der Lichter – im Französischen genannt. Mit dem Licht der Vernunft gehen Menschen gegen das finstere Mittelalter, seine finsteren Dogmen, seine finsteren Sitten und seine finsteren Taten an.

Hierzu gestatte mir eine Anmerkung: Die Aufklärung spricht wie der Wandsbeker Bote von der Vernunft. Da diese oft in einem weiteren, die Religion umfassenden Verständnis gebraucht wird, verwende ich im Folgenden lieber den Begriff Verstand, der gewöhnlich mit dem eingeengten Horizont eines berechnenden und ergreifenden Denkens, mit der Rationalität, verbunden ist und sich oft in einen Gegensatz zur Religion setzt.

Leon, schon hier kannst Du erkennen, wie sich ein Gegensatz zwischen Licht und Finsternis aufbaut! Ein Zeitalter eines hellen, klaren Bewusstseins, der Sonne und des Tages, soll nun im Geist anbrechen und eines ablösen, in dem die Einsicht des Menschen verdunkelt war. Nun durchleuchtet der Verstand die Wirklichkeit und gewinnt durch das helle Licht des Denkens neue, klare Erkenntnisse. Er klärt eben auf und heißt von daher Aufklärung.

Für Claudius dagegen werden die Nacht, die Sternenwelt und der Mond deshalb so wichtig, weil in ihnen die Nachtseite des Bewusstseins und des Denkens symbolisch repräsentiert wird. Denn was passiert, wenn die Sonne gesunken ist? Der Abendhimmel verblasst und mehr und mehr treten die funkelnden Sterne hervor. Ein ganzer, schier unendlicher und unfasslicher Weltraum wird sichtbar, den das Sonnenlicht des Tages überblendet hatte. Nun erscheint auch der Mond in seinem vollen Glanz als nächtliches Leitgestirn!

Ich verstehe Matthias so, dass er die Taghelle des aufklärerischen Verstandes zwar durchaus zu schätzen weiß. Du merkst, dass ich den Begriff Verstand, der auf die reine Rationalität reduziert ist, lieber benutze als den der Vernunft. Denn diese wird oft in einem weiteren Verständnis gebraucht, das auch die Religion umfasst. Doch immer wird sich das nicht durchhalten lassen, weil beim Boten durchweg von der Vernunft die Rede ist. Dieser Verstand nimmt – symbolisch gesprochen – nichts von dem wahr, was sich an überwältigender Wirklichkeit der Nachtseite des Bewusstseins auftut. Claudius weiß also nicht nur um die Tagseite des Bewusstseins im aufgeklärten Verstand, sondern ist sich auch seiner Nachtseite, der Seite der Religion bewusst. Ich bleibe in dem Gleichnis: In Sachen Religion und Glauben ist daher mit der Helle des scharfen Verstandes gar nichts zu erkennen, ebenso wenig wie am Tage die Sterne und der Mond wahrnehmbar sind. Während das Tageslicht die Welt schonungslos ausleuchtet und doch auch blendet, gehört die Nacht der Durchdringung des Universums. Die Nachtseite der Wirklichkeit erschließt sich dem zur Ruhe gekommenen, empfänglichen Geist wie dem Auge der nächtliche Sternenhimmel. Der Mond steht symbolisch für die religiöse Seite der Erkenntnis.

Leon, sag an, habe ich nicht mit dem Mond einen genial einfachen Zugang zu Claudius' Antwort auf die Gretchenfrage entdeckt? Er sagt es nicht explizit. Weil sich weite Teile der damaligen Aufklärung darauf reduzieren, die Tagseite des Verstandes als einzige Wirklichkeit gelten zu lassen, ist klar, dass die Nachtseite der Religion nicht mehr wahrgenommen werden kann. Dann wird aber auch deutlich, warum Matthias Claudius – und ihm nachfolgend die Romantik – den Mond und die Nachtseite der Wirklichkeit, das Geheimnisvolle und nicht durch den Verstand Aufzuklärende ins Zentrum der Betrachtung rücken. Deswegen will ich Dir dieses Lied als Ouvertüre vorwegschicken. Es gehört wohl zu seinen berühmtesten Dichtungen: (ABEND-LIED; 217f):

„Der Mond ist aufgegangen
Die goldnen Sternlein prangen
Am Himmel hell und klar;
Der Wald steht schwarz und schweiget,
Und aus den Wiesen steiget
Der weiße Nebel wunderbar.

Wie ist die Welt so stille,
Und in der Dämmrung Hülle
So traulich und so hold!
Als eine stille Kammer,
Wo ihr des Tages Jammer
Verschlafen und vergessen sollt.

Seht ihr den Mond dort stehen? –
Er ist nur halb zu sehen,
Und ist doch rund und schön!
So sind wohl manche Sachen,
Die wir getrost belachen,
Weil unsre Augen sie nicht sehn.

Wir stolze(n) Menschenkinder
Sind eitel arme Sünder,
Und wissen gar nicht viel;
Wir spinnen Luftgespinste,
Und suchen viele Künste,
Und kommen weiter von dem Ziel.

Gott, laß uns *dein* Heil schauen,
Auf nichts Vergänglichs trauen,
Nicht Eitelkeit uns freun!
Laß uns einfältig werden,
Und vor dir hier auf Erden
Wie Kinder fromm und fröhlich sein!

Wollst endlich sonder Grämen
Aus dieser Welt uns nehmen
Durch einen sanften Tod!
Und, wenn du uns genommen,
Laß uns in Himmel kommen,
Du unser Herr und unser Gott!

So legt euch denn, ihr Brüder,
In Gottes Namen nieder;
Kalt ist der Abendhauch.
Verschon uns, Gott! mit Strafen,
Und laß uns ruhig schlafen!
Und unsern kranken Nachbar auch!"

Leon, ein genial einfacher Aufbau! In der ersten Strophe betrachtet er die abendliche Natur mit dem Mond. Deren Wahrnehmung in metaphorischer, d. h. übertragener Bedeutung, geht er in den zwei folgenden Strophen nach. In der Mitte betrachtet der Dichter uns stolze Menschen in unserer Bedürftigkeit und Fehlbarkeit. Darauf folgen zwei Strophen, in denen er sich im Gebet zu Gott erhebt. Religion lebt im Element des Betens! In der letzten Strophe wendet er sich geschwisterlich uns Menschen zu, die wir durch den einen Gott und Vater geeint sind.

Am liebsten hätte ich natürlich, dass Du das Lied auswendig lernst, damit „schwanger gehst" und so in seine Tiefe dringst. Und ob Du bis zu Deinem nächsten Brief die Gelegenheit findest, Dir den Nachthimmel anzusehen und Dich von ihm berühren zu lassen, um selbst zu erleben, wovon der Bote singt und sagt?

Herzlichst,
Dein Elias

„... und ist doch rund und schön ..."

4. Brief

Die Ouvertüre – der Mond und die Sterne

Lieber Leon,

als Erstes hättest Du Dich gefragt, ob dieser Wandsbeker Bote noch im mythologischen, dreistöckigen Weltbild verhaftet gewesen sei, oder ob er schon unser neuzeitliches Wissen um den Kosmos gehabt habe. Hat er! Denn er hat sich viel mit Isaak Newton beschäftigt, der hundert Jahre zuvor das Spiegelteleskop erfand. Und Tycho Brahe kannte er auch gut, den Astronomen, der zeitweise in Wandsbek gewohnt und die erste Supernova – ein helles Aufflammen eines sterbenden Sterns – beobachtet hatte.

Nicht kindlich naiv also, sondern vor dem Hintergrund wissenschaftlicher Klarheit entfaltet Matthias Claudius in seinem Abendlied die Nacht und wendet sich damit der Nachtseite des Bewusstseins zu. Er stellt sie einer Aufklärung entgegen, die die Wirklichkeit auf die Sonnenseite reduziert, also auf das, was man in der Helle der Vernunft erkennen kann. Darin liegt für mich das Geniale: Die einfache Wirklichkeit von Tag und Nacht, die wir in der Natur täglich erleben, wird zum Symbol für die zwei Dimensionen unseres Bewusstseins. Dieser Schlüssel passt zu seinen *Sämtlichen Werken*.

Die erste Strophe hast Du vor Augen, Leon? Der Dichter beschreibt einfach nur den Nachthimmel mit dem blassen Mondschein und den funkelnden Sternen, der schwarzen Kulisse des Waldes und dem weißen Nebel über den Wiesen. Zuerst *der Mond*! Ist er nicht ein eindrucksvoller Erdtrabant, der durch seine schlichte Größe und Helligkeit die nächtliche Welt mit seinem silbrigen Glanz übergießt? Nur noch die Sonne hat eine solche

Daniel Nikolaus Chodowiecki (1726 – 1801)

Größe und solche Bedeutung für unser Leben, ja, weit größere hat sie! Dennoch: Was dieser Mond alles bewirkt! Er teilt das Jahr in Monate. Viermal wandelt er seine Gestalt als Vollmond, abnehmender Mond, Neumond und zunehmender Mond. Somit bildet er einen Monat, indem er diesen in vier Wochen einteilt. Ursprünglich haben alle Völker das Jahr nach ihm berechnet und im muslimischen Kalender findest Du es bis heute. Mehr noch: Durch seine Erdnähe lässt er uns seine Schwerkraft spüren. Er bestimmt die Regel der Frau. Er beeinflusst die Gezeiten des Meeres. Er wirkt in den Zeiten der Aussaat, denk nur an die wechselnden Ostertermine!

Darum jedoch geht es dem Dichter nicht. Er schreibt ja kein naturwissenschaftliches Lehrbuch und will sich von astronomischen Berechnungen seines neunmalklugen Lehrers Ahrens bewusst absetzen, wenn ihm Abendstern, Jupiter und Mond am Abendhimmel erscheinen (54):

„Wie das zusammenhängt, daß die drei schönen Himmelslichter so dicht nebeneinander stehen, das mag Herr Ahrens demonstrieren; Er aber soll vor Seine Tür heraustreten, und nach meinem lieben Mond und den beiden freundlichen Sternen hinsehn, und, was Ihm, wenn Er nun so vor Seiner Tür steht und hinsieht, Andres, was Ihm denn durch 'n Sinn fahren wird, sieht Er! das gönnt Ihm Sein alter Schulkamrad, und davon weiß Herr Ahrens nichts."

Spürst Du hier den leise zurechtweisenden Spott des Boten? Es könnte doch dem klugen Lehrer über der Freude des Berechnens die Freude am Sehen des Wunderbaren verloren gehen! Dazu also will uns der Dichter mit seinem Abendlied verlocken, zu einem staunenden Sehen.

Ich muss Dir von meinem Erlebnis einer sternklaren, sommerwarmen Nacht in Kap Sounion in der Nähe von Athen erzählen. Wir tagten dort mit einer Studentengruppe über den Prolog des Johannesevangeliums. Eines Nachts konnte ich nicht schlafen und wälzte mich unruhig auf meinem Bett hin und her. Schließlich ging ich aus dem schwülen Schlafsaal hinaus und legte mich dort in einen der Liegestühle auf die Terrasse. Über mir wölbte sich das Firmament mit seinen funkelnden Sternen. Der ganze Ort lag im Dunkeln, keine Straßenlaternen und keine Autoscheinwerfer, keine erleuchteten Fenster! Wolkenlos war die Nacht und die Sterne strahlten in einer Schönheit, Klarheit und Reinheit, wie ich das nie zuvor und nie wieder danach erlebt habe. Während meine Augen gleichsam im Sternenhimmel versanken, wanderten meine Gedanken durch das unermessliche Universum. Hinter der funkelnden Himmelswölbung gingen mir das unfassliche, sich ins schier Unendliche erstreckende Weltall und zugleich meine eigene Winzigkeit auf.

Und seltsam, zugleich wurde mir bewusst: Dieser Himmel, der sich so ruhig und still über mir wölbt, ist in Wirklichkeit eine höchst lebendige, dramatische Welt. Hinter dem scheinbar in sich ruhenden Fixsternhimmel laufen ungeheure Wandlungen, Explosionen und Verschmelzungen ab. Dort regiert die Schwerkraft über die Materie und die Photonen jagen mit Lichtgeschwindigkeit durch das All. Auch hier ist alles dem Werden, dem Entstehen und Vergehen unterworfen. Doch Matthias Claudius sieht anderes, so wie ich damals anderes sah. Die Fixsterne *prangen* in unfasslicher Majestät am Himmel, ruhig, golden und funkelnd (60):

„Der Himmel weit und breit ist ewig jung und schön,
Jenseit(s) des Monds ist alles unvergänglich;
Die Siebenstern und ihre Brüder stehn
Jahrtausende schon, überschwenglich
In ihrer Herrlichkeit! und trotzen Tod und Sterben,
Und sagen Hui zum Verderben. ..."

Die Fixsterne stehen für ihn symbolisch fest und still. So präsentieren diese sich dem bloßen Auge. Zwar wissen wir heute, dass auch sie den Bedingungen von Zeit, Raum und Materie unterliegen. Die scheinbar unveränderlichen Sterne symbolisieren ein Jenseits der Natur und spiegeln so den unvergänglichen Geist! Hier noch einmal für Dich als Philosophen: Die Physis, d. h. die Natur symbolisiert das Transzendente der Natur, d. h. eine Meta-Physis und spiegelt so den Geist. Aber lassen wir diese Fremd-wörter!

Der Mensch kann Unvergängliches, Ewiges, Unveränderliches denken. Dafür wird ihm in der vergänglichen Natur Vieles zum Symbol, angefangen vom Gold bis hin zu den Sternen. Wissen-schaftlich ist Claudius schon klar, dass alles Materielle der Ver-gänglichkeit unterworfen ist und nicht ewig sein kann. Die Ent-fernung macht es, dass die Sterne so ewig fest erscheinen. Leon, wohlgemerkt! Der Fixsternhimmel ist nicht das Ewige, sondern er steht für das Ewige. Diese Unterscheidung birgt in sich das Neue, das mit der Neuzeit bewusst wird.

Als in sich ruhender Himmel wird Claudius die Sternenwelt zu einem persönlichen Trost, um in den Mühen und Enttäuschun-gen in dieser so vergänglichen und bedrängenden Welt zu beste-hen (STERNSEHERIN LISE; 595f):

„Ich sehe oft um Mitternacht,
Wenn ich mein Werk getan
Und niemand mehr im Hause wacht,
Die Stern am Himmel an. ...

Dann saget, unterm Himmelszelt,
Mein Herz mir in der Brust:
‚Es gibt was Bessers in der Welt
Als all ihr Schmerz und Lust. ...‘"

Die Schönheit und Ordnung, der Glanz und die Herrlichkeit der Sternenwelt erheben das Herz über die Welt des Werdens und Wandelns, der Schmerzen und der Lüste hinaus. Innerlich im Herzen bewegt, weiß er dadurch eine höhere Geborgenheit im Ewigen zu finden.

Zurück zum Abendlied: Nun senkt sich der Blick des Dich-ters vom Himmel zur Erde: *Der Wald steht schwarz und schwei-get!* Im Dunkeln kann niemand sehen und niemand wirken. Die Schwärze der Nacht verschluckt die Geräusche des hellen Tages. Nacht, Schweigen und Stille gehören wesenhaft zusammen. Und der *weiße Nebel* breitet sich wie eine dämpfende Decke über die schlafenden Wiesen aus. Alles kommt zur Ruhe.

Taghelle und Nachtschwärze sind für mich ein Gleichnis für das ganze Leben: Bei Tag ist es so hell, dass der Mensch eigenständig sehen, begreifen und handeln kann. Er wird zum Mittelpunkt seiner geschäftigen, lärmenden Welt. Doch in der Nacht wird er – wenn er nicht mit künstlichem Licht die Nacht zum Tage macht – zur Stille gebracht. In der Nacht kann er nichts mehr tun, sondern kann nur beschaulich die schwachen Lichter wahrnehmen, die dank der Finsternis hell aufleuchten. Ich übertrage das auf das Leben im Geist: Im Licht menschlichen Verstandes verblassen religiöse Wahrheit wie Mond und Sterne. Nichts nimmt die sonnengleiche Rationalität von der Nachtseite der Religion wahr. Und umgekehrt: Wo das Licht des Verstandes erlischt, wo die rechnende Rationalität zur Ruhe kommt, da kann der Geist durch eine Fülle der Zeugnisse das Ewige wahrnehmen.

Siehst Du, Leon, die Antwort auf die Gretchenfrage hängt davon ab, ob ein Mensch bereit ist, sich auf die Nachtseite seines Bewusstseins einzulassen. Da ist – wie eben in der Nacht – nichts mit eigenem Wissen und Begreifen und schon gar nichts mit Selbstherrlichkeit zu machen. Aber wer gleichsam vor die Türe seines reflektierenden Ichs tritt und seine äußeren und inneren Sinne öffnet, dem kann sich eine unendlich herrliche Geisteswelt erschließen, die seine kleine Tageswelt schon immer umhüllt hat, auch wenn er sie oft weder sieht noch wahrnimmt.

Ich bin immer noch ganz ergriffen von der Kraft dieser Symbolik und hoffe, Du lässt Dich davon anstecken,

Dein Elias

5. Brief

Wahrnehmen, was man weder hört noch sieht

Mein guter Leon,
einen meiner Gedanken könnte ich doch weiter ausmalen! Solche Sternennächte, die ein Matthias Claudius erlebt und die ich erlebt habe, können viele Menschen in den Wohlstandsländern immer weniger sehen. Das Streulicht der großen Städte und die hellleuchtenden Straßenlaternen lassen den schwachen Schein der Sterne verblassen. Auch das ließe sich gleichnishaft ausdeuten: Die Wissensgesellschaft sei vom Streulicht ihrer Gedanken so geblendet, dass sie das Religiöse und damit Gottes Welt kaum noch erfahren können.

Dazu passt Martin Heideggers Begriff von der Seinsvergessenheit, wie ich sie kürzlich in seinen *Schwarzen Heften* zitiert fand.

„Das Sein ist vergessen – eben weil noch ständig beiläufig gekannt und gebraucht. Das Sein in einem Gemenge wurzelloser Begriffe vertan, in einem Gewirre aller (leicht) aufstellbaren ‚dialektischen‘ Begriffsbeziehungen vernutzt der Tummelplatz für das Spiel irgendwelcher Systeme und ‚wissenschaftlicher Philosophien‘ – die sogar den fatalen Scheinvorzug haben, meist *richtig* – beileibe aber nicht im geringsten *wahr* zu sein.“

„*Die Vergessenheit des Seins ist das enthemmte Gähnen*, das durch alles die Leere breitet.“[12]

Diese Seinsvergessenheit passt für mich haargenau zur Gottvergessenheit in Kirche und Theologie. Auch hier ist das Wort Gott noch vertraut, auch hier klappern die Systeme wie die leeren Blechdosen der Vogelscheuchen im Wind und auch hier werden vor lauter theologischen Richtigkeiten keine Wahrheiten mehr gesagt. Langeweile zieht ein! Das trifft ins Schwarze! Der lebendige Gott ist vielen nichtssagend geworden! Ob sich deshalb die Kirchen leeren? Könnte es daran liegen, dass die Taghelle eines rechnenden Verstandes weder der Philosophie noch der Theologie gut tut? In der Seins- und Gottvergessenheit waltet ein höheres Geschick, an dessen Anfang Matthias Claudius und an dessen Ende wir stehen. Doch durch den umwälzenden, natur- und lebensbedrohlichen Fortschritt wird es wieder dunkler und wir werden mehr und mehr herausgefordert, die Wirklichkeit der Religion neu zu entdecken.

Die Entdeckung der Nachtseite muss sich auch in den weiteren Strophen des *Abendlieds* bewähren. Während der Dichter uns in der ersten Strophe das Bild einer sternklaren, mondhellen Nacht vor Augen malt, erwacht jetzt, in der zweiten Strophe, das Gehör:

„Wie ist die Welt so stille,
Und in der Dämmrung Hülle
So traulich und so hold!
Als eine stille Kammer,
Wo ihr des Tages Jammer
Verschlafen und vergessen sollt."

Leon, ist Dir schon einmal aufgefallen, dass Du die Stille hören kannst? Sie ist ja keine Geräuschlosigkeit. Es soll Experimente geben, in denen man Menschen der totalen Geräuschlosigkeit ausgesetzt hat und sie dabei fast wahnsinnig geworden sind. Mit der Stille meint Matthias das Verstummen des Tageslärms – angefangen vom Vogelgesang und dem Bellen der Hunde bis hin zum Klappern der Maschinen und dem Reden der Menschen. Kurz: Alles kommt zum Schweigen, was unsere Ohren in Beschlag nehmen und unser Inneres beunruhigen kann. Wenn aber die Geräusche so leise werden, dass die Gedanken im Inneren gleichsam zu tönen und zu reden beginnen, wenn ich also meine innere

Stimme höre, die Stimme meiner Intuition und Inspiration, dann erlebe ich in der Stille die Fülle, die zur Nacht gehört.

Die Welt um und in Matthias Claudius ist still geworden. Das Klappern der Mühlräder, das Wiehern der Pferde, das Lärmen der Menschen, die knarrenden Wagenräder, die sich durch die Furchen der Feldwege quälen, das Quietschen der Türen, das Lachen und Weinen – alles ist zur Ruhe gekommen, denn nicht nur die Menschen schlafen, sondern die Welt. Geht es Dir auch so wie mir? Eine leise Sehnsucht nach einer solchen Welt, die *so stille* wird? Du hast nicht wie ich das Glück, auf dem Lande zu wohnen, wo sich die Füchse noch Gute Nacht sagen. Und das ist nicht geheuchelt. Neulich sah ich abends einen vor unserer Haustür, der sich bei meinem Anblick leise verzog. Was ist das für ein Unterschied zu denen, die wie Du in Großstädten wohnen, auf deren Straßen das Rauschen des Verkehrs kaum verebbt. Stille wird es dort nur, wenn Du die Fenster dicht verschließt und Dir die Ohren verstopfst!

In der Stille der Nacht sollen wir, so der Dichter, den *Jammer*, die Unbilden und Kränkungen wie das Leiden und die Enttäuschung, die Mühsal und Frustration, die Bitterkeit und das Streiten, die Last der Sorgen und den Druck der Nöte des Tages *verschlafen und vergessen*. – Der Verstand, der den Tag regiert, hat allerdings anderes auf seine Fahnen geschrieben: Überwindung des Leides, Glück im Leben, Befreiung von Lasten. Und in der Tat, unglaublich viel haben wir Menschen seit den Tagen des Wandsbeker Boten verbessert, erleichtert und verschönert. Niemand will das missen, weder Du noch ich! Da scheinen viele alte Kirchenlieder überholt, die wie Matthias Claudius vom Jammer des Lebens sprechen oder wie Luther in einem Weihnachtslied auf seine Befreiung „aus dem Jammertal ..." hoffen.[13] Sie setzen ja voraus, dass das Leben eine jämmerliche Seite behält, wie sehr wir uns auch abstrampeln werden.

Nein, die Welt ist uns kein Jammertal mehr. Die Taghelle des Verstandes liefert uns Sicherheit und Wohlstand, erschließt uns die Freuden des Lebens und vermeidet die Dunkelheit seiner Leiden. Schon Claudius erlebt die Welt nicht mehr als Jammertal. Er lebt gern und lebt fröhlich, er genießt die Natur und weiß sich von der *Dämmrung Hülle* liebevoll und *traulich* geborgen. Aber er bleibt sich dennoch und gerade deswegen der Schattenseite des Lebens bewusst.

Sei ehrlich, Leon, damals wie heute gibt es doch noch immer die Nachtseite, in der auch der *Jammer* laut werden kann. Er breitet sich heute im Vergleich zu den Zeiten des Boten vermehrt innerlich aus. Zwar werden die hohe Sterblichkeitsrate, die Kriege, die Mühen und Sorgen um das tägliche Brot und die Geldnöte noch viele bedrücken. Aber der Jammer bleibt auch bei uns im Wohlstand bestehen, der Jammer der Einsamkeit, der Zwietracht und der Depressionen.

Wenn also niemand den Jammer ganz beseitigen kann, wie kann man ihm dann begegnen? Matthias Claudius singt davon, ihn zu *verschlafen* und zu *vergessen*. Er weiß um diese köstliche Gabe des Schlafes. Es ist und bleibt doch eines der großen Geheimnisse der menschlichen Natur, dass auch der größte Schmerz, die schwerste Sorge, ja, sogar das entsetzlichste Leid in dem Augenblick versinken, in dem ich einschlafe und mein Ich-Bewusstsein erlischt. Das gilt auch dann, wenn in Alpträumen die Erfahrungen des Tages nachhallen. Und es gilt, obwohl wir Menschen am Morgen oft genug wieder in die alten Kleider des Jammers schlüpfen müssen: „Guten Morgen, liebe Sorgen, seid ihr auch schon alle da?" Doch in dieser Mondnacht, so der Wunsch des Dichters, soll es anders sein. Die Hülle der Dämmerung möchte uns für einen Moment Frieden und Stille schenken.

Hat der Bote bisher in die Stille hinausgelauscht, hebt er in der dritten Strophe seine Augen zum Himmel. Nach dem Hören kommt das Sehen. Er sieht *den Mond stehen*, der ihm hier zum Symbol des menschlichen Bewusstseins wird:

> „Seht ihr den Mond dort stehen?
> Er ist nur halb zu sehen,
> Und ist doch rund und schön!
> So sind wohl manche Sachen,
> Die wir getrost belachen,
> Weil unsre Augen sie nicht sehn."

Dreimal kommt hier das Wort *Sehen* vor; das Sehen, das als Einsehen immer schon mit der Erkenntnis verbunden ist. Doch was sehen wir mit Matthias ein, wenn wir sehen? In dieser Nacht ist nur der *halbe* Mond sichtbar, obwohl wir doch wissen, dass der Mond *rund und schön* ist. Scheinbar absichtslos nimmt Claudius diese beiden Erscheinungsweisen des Mondes wahr. Seine geistige Einsicht erschließt ihm den vollen Mond, obwohl äußerlich nur ein halber zu sehen ist.

„... er ist nur halb zu sehen ...“

Wir pflegen zu sagen: „Eine runde Sache!“ Und damit meinen wir, dass etwas vollendet und gelungen ist. Was rund ist, bildet eine in sich geschlossene Gestalt; einen Kreis, der auch ein Symbol des Ewigen werden kann. Was rund ist, zu dem ist nichts mehr hinzuzufügen und nichts mehr wegzunehmen. Und was rund ist, das ist schön! Denn das Schöne ist das in sich Vollendete, Gelungene.

Mit diesem Wissen wandern die Gedanken des Boten vom Bild zu dessen Deutung: Was sind das wohl für *Sachen*, deren zweite Hälfte wir nicht sehen und die doch, sähen wir sie ganz, *rund* und *schön* wären? Was meinst Du, Leon? Gibt es solche Sachen, die in Wirklichkeit rund und schön sind, obwohl wir sie nur zur Hälfte sehen? Ich habe ein paar entdeckt: Das Ganze des Menschen beispielsweise besteht aus seiner sichtbaren Hälfte – dem Körper – und seiner unsichtbaren Hälfte – dem Geist. Sehen, begreifen und ergreifen kann ich nur die eine sichtbare Hälfte. Den Geist habe ich zwar wie mein Gegenüber, aber begreifen kann ich ihn nicht, da ich ihn nicht sehen kann, weder bei mir noch beim anderen.

Oder nimm die philosophische Unterscheidung vom Schein, der sichtbar ist, und dem Sein, das sich dahinter verbirgt. Leicht könnte jemand die unsichtbare Hälfte weglassen, ja sie gar verleugnen und sich über ein angebliches Sein oder die Eigenexistenz des Geistes lustig machen. Wieso soll es diese Wirklichkeiten geben? Wenn sie wirklich wären, warum sehe ich sie dann nicht? Ich will es nun religiös ausdrücken: Wenn das Ganze der Wirklichkeit der sichtbare Kosmos ist, dann schließt es dessen unsichtbare Seite, den Geist des Kosmos, ein. Gott ist dann gleichsam die unsichtbare Seele des Kosmos. Im Bild des Mondes: Der Kosmos steht für die sichtbare Hälfte des Ganzen. Zu ihr gehört als zweite Hälfte der Geist als unsichtbare Wirklichkeit. Nur ist sie – wie die unsichtbare Hälfte des Mondes – für den fordernden und forschenden Verstand überschattet. Sie liegt im Erdschatten und wird vom hellen Licht der Sonne nicht beschienen. Genauso ist es doch mit dem Geist, den wir Gott nennen. Er ist überschattet durch unsere so bedrängend materielle Existenz und wird durch die Taghelle des Geistes nicht erleuchtet.

Ich höre schon Deinen Protest: Nun ginge ich aber zu weit mit meinen Analogien. Ich könne doch nicht den Sonnen- und Mondschein mit dem Kosmos und Gott vergleichen. In der Tat, es geht weit! Wenn allerdings der Geist unsichtbar und unbegreiflich ist, kann ich nur von ihm schweigen. Will ich aber von ihm reden, dann bedarf ich der Worte, der Metaphern, der Gleichnisse und Bilder in dem Glauben, dass Gott, der sich in der Natur offenbart, derselbe ist, der sich mir im Geist offenbaren will. Deswegen sagt Claudius über die geistesblinden Leute: „Lass sie doch *getrost belachen*, was sie nicht sehen!" Und vielleicht würde er auf seine humorige Weise lächelnd hinzufügen: „Sie sind eben nicht ganz bei Trost!" Denn die Erfahrung dieser anderen Hälfte, genauer der Austausch mit dem Geist, der die Welt im Innersten zusammenhält, ist das Geheimnis der Religion!

Claudius lebt in der beginnenden Aufklärung und wird an sich selbst oft genug das herablassende Lächeln der vermeintlich so Klugen erfahren haben. Leicht fällt es ihnen über die Religion zu spötteln: Wie mühen sich beispielsweise Menschen ab, in Ritualen Gott zu verehren, in Dogmen Gott zu verstehen, in Gebeten sich Gott zu nahen und in Heiligen Schriften Gott zu erkennen? Wie einfach dagegen ist der Gedanke eines einigen Gottes, der will, dass wir das Gute erkennen und tun! Aber es ist eben nur ein kraftloser Gedanke! Wenn aber Gott wirklich ist, obwohl ihn niemand sehen kann und das Licht des natürlichen Verstandes nicht fähig ist, ihn zu erkennen, dann wird der Belächelnde zum Lächerlichen. Denn wer meint, sich mit dem Wissen um den halben Mond zufrieden geben zu können, der wirkt genauso lächerlich wie derjenige, der sich mit der sichtbaren und begreiflichen Welt genügen lässt und darüber das Wissen um den lebendigen Gott und das Ganze der Wirklichkeit verliert.

Leon, wie hast Du's mit der Religion? Hier hast Du Claudius' Antwort! Er wurde und wird oft als einfältiger, kindlicher Dichter des Volkes verkannt. Auch dieses *Abendlied* kommt so schlicht daher, dass man meinen könnte, der Dichter versinke in romantischer Naturstimmung und einfältiger Frömmigkeit. Aber in seiner Schlichtheit und Einfachheit verweist er mit einem einzigen Symbol einen aufklärerisch-hochfahrenden Verstand leise, aber bestimmt in seine Schranken. Seine Einsicht in das Wesen des Wirklichen ist so tief, dass er das Komplexe einfach sagen kann. Hierin liegt für mich seine Genialität! Genug geschwärmt – ich will für heute hier abbrechen. Du hast ja schon geahnt, dass meine Ouvertüre etwas länger wird. So verbleibe ich mit vielen Grüßen,

Dein Elias

6. Brief

Menschenstolz und Menschenarmut

Lieber Leon,
das Hören der Stille – irgendwie sei es Dir bekannt vorgekommen. Du liegst richtig! Von Henri J. M. Nouwen – ein Bestsellerautor für spirituelle Literatur – gibt es ein Buch *Ich hörte auf die Stille. Sieben Monate im Trappistenkloster.* Daran kann Dir deutlich werden, wie intensiv seit einigen Jahrzehnten Wege des Hörens, Betrachtens und Meditierens in der Spiritualität und Esoterik entdeckt werden.

Was der Bote mit der Entdeckung des Mondes und seiner Symbolik bewusst macht, erinnert mich zudem an die Hochzeiten des New Age, als der Bestsellerautor Fritjof Capra – *Wendezeit, Bausteine für ein neues Weltbild* – mit der chinesischen Philosophie des Yin und Yang zwei Bewusstseinshälften unterschied. Als Forscher der theoretischen Hochenergiephysik hat er 1982 in Amerika mit *The Turning Point* die gesellschaftliche Revolution am Ende der sechziger Jahre philosophisch-religiös neu gedeutet. Er kommt zu der Erkenntnis, dass das westlich-christliche Gedankensystem nur die eine Hälfte des Bewusstseins umfasst, die seit Descartes streng zwischen Subjekt und Objekt trennt und so die rationale Welt erschließt. Wir stünden nun aber vor dem Heraufdämmern eines neuen Zeitalters, das ganzheitlich denken müsse:

„Das Rationale und das Intuitive sind komplementäre Formen der Funktion des menschlichen Geistes. Rationales Denken ist linear, fokussiert, analytisch. Es gehört zum Bereich des Intellekts, der die Funktion hat, zu unterscheiden, zu messen und zu kategorisieren. Dementsprechend tendiert rationales Denken zur Zersplitterung. Intuitives Wissen dagegen beruht auf unmittelbarer, nichtintellektueller Erfahrung der Wirklichkeit, die in einem Zustand erweiterten Bewusstseins entsteht. Es ist ganzheitlich, oder ‚holistisch‘, nichtlinear und strebt nach Synthese. Daraus läßt sich folgern, daß vernunftorientiertes Wissen wahrscheinlich Ich-bezogene oder *Yang*-Aktivität hervorbringt, während intuitive Weisheit die Grundlage ökologischer oder *Yin*-Aktivität ist."[14]

Capra hat zwar eine andere Sprache als Claudius, aber er entdeckt am Ende der Aufklärung als exakter Naturwissenschaftler die Notwendigkeit einer anderen Bewusstseinstätigkeit, die bei Claudius der Mond- und Nachtseite der Wahrnehmung entspricht. Anbei bemerkt: Die Nachtseite des Bewusstseins hat sich schon immer einen Weg gebahnt, ob in der Romantik als Gegenbewegung zur Aufklärung oder in den quasireligiösen Weltanschauungen des 19. und 20. Jahrhunderts. Der mit der Achtundsechziger Revolution einhergehende religiöse Aufbruch strebt nach Bewusstseinserweiterung. So stellt er sich einer vereinseitigten, rationalistischen Welterschließung durch die analytischen Wissenschaften entgegen.

Genug! Ich will zur zentralen Strophe des Abendliedes kommen. In ihr geht es um uns Menschen, die bisher weder im Gehörten noch im Gesehenen im Zentrum standen. Gleichwohl als Hörende, Sehende und vor allem als Urteilende war von uns indirekt die Rede, wenn wir *so manche Sachen ... getrost belachen:*

„Wir stolze(n) Menschenkinder
Sind eitel arme Sünder
Und wissen gar nicht viel;
Wir spinnen Luftgespinste
Und suchen viele Künste
Und kommen weiter von dem Ziel."

Ich will die Verse der Reihe nach durchgehen: *Stolze Menschenkinder* sind wir. Schon bei den *goldenen Sternlein* scheint Claudius hier in eine kindliche Sprache zu verfallen. Wir sind doch erwachsene Menschen und keine Kinder! Diese Begrifflichkeit muss ich Dir aus dem Hebräischen erläutern. Wenn das Alte Testament von „Menschenkindern" redet, meint es die Art und Weise, in der ein Mensch als Mensch lebt. Der Dichter will also sagen: Zum Menschsein gehört das Stolzsein! Nicht der Stolz eines vornehmen, edlen Menschen ist hier gemeint. Es ist vielmehr der Stolz der Selbstüberhebung, die den Menschen das Paradies kostet (1. Mose 3,5): „Ihr werdet sein wie Gott und wissen, was gut und böse ist!" Leon, solches Stolzsein heißt wie Gott sein wollen und wie Gott Urteile fällen, wie Gott wissen, was gut und böse ist. Solche angemaßte Gottgleichheit bezahlen wir Menschen teuer mit der Vertreibung aus dem Paradies der Unschuld. Mit dem Erwachen des Geistes findet sich jeder früher oder später „jenseits von Eden", d. h. jenseits des Paradieses wieder.

Stolz sind wir Menschen, wann immer wir uns mittels unseres Verstandes zum Maß aller Dinge machen. Stolz sind wir, wann immer wir Herren der Lage sind. Stolz sind wir, wann immer wir als Sieger aus einer Auseinandersetzung hervorgehen. Stolz sind wir, wann immer wir ein Werk selbst vollendet haben. Stolz sind wir, wann immer wir mit unseren Vorstellungen in unserer Welt wie Könige regieren. Dabei übersehen wir so leicht, dass da schon längst vor uns einer Herr, Geist und Gott ist, der nicht nur unsere kleine Menschenwelt, sondern der das ganze Universum auch mit seinen unbegreiflichen Seiten „im Innersten zusammenhält", wie Goethe in meinem Lieblingssatz so treffend dichtet.

Was sind wir aber in den Augen Gottes, wenn wir so stolz die Welt zu lenken meinen? Nach Claudius: *eitel arme Sünder*! Das Wort *eitel* kennst Du vielleicht nur noch in seiner verblassten Bedeutung eines eitlen Menschen, der mit seiner Oberfläche, mit seinem äußeren Erscheinen Eindruck schinden will. Dahinter steckt nichts Substantielles. Und mit dieser inneren Leere nähern wir uns der Urbedeutung des Begriffs „eitel". Denn hiermit ist gemeint: In der Trennung von Gott wird unser Geist leer und kraftlos. Nicht nur *eitel* sind wir, sagt Claudius, sondern auch *arm*. Damit widerspricht er dem heimlichen Credo der Neuzeit, das sogar in den Menschenrechten verankert ist: dem Recht auf Wohlstand! Menschsein hieße demnach: reich sein! Armsein und sich mit Wenigem begnügen gehört bei Claudius zum Wesen des Menschseins.

Mit einem einzigen – heute so ungeliebten – Wort krönt Claudius die Existenz des Menschen: *Sünder!* Ein Riss tut sich auf zwischen uns und unserer Sehnsucht, zwischen unserem Ich und dem Geist in uns, zwischen uns und Gott. Gespalten sind wir zwischen unseren Träumen und unserer Realität. Dagegen lehnt sich ein aufklärerisches Denken auf: Der Mensch sei gut und werde eines Tages aus eigener Kraft überbrücken und zusammenfügen, was gegenwärtig noch so zerrissen sei. Daraus erwächst die ungeheure Zukunftsorientierung der Moderne. Denn das Land des Heils liegt in einer goldenen Zukunft, die uns die Gegenwart erträglich macht!

Und wissen gar nicht viel: Als wollte er die drei Pflöcke, die er über das Wesen des Menschen eingerammt hat, in einem einzigen Satz zusammenfassen, beschließt er seine Betrachtung unserer Existenz mit der Beschränktheit menschlichen Wissens. Zwar schwärmen wir gegenwärtig von der Wissensgesellschaft, wir staunen über die gewaltige Vermehrung des Wissens, die kein einzelner Mensch, ja, bald kein einzelner Computer mehr fassen kann. Inzwischen soll sich das Weltwissen schon alle fünf Jahre verdoppeln. Ein Wahnsinn, Leon! Manchmal kommt es mir so vor, als wachse ein neuer Urwald des Wissens heran, den keine Suchmaschine bändigen und in dem sich ein Mensch nur allzu leicht verirren kann.

Doch wissen wir Menschen in unserer Wissensfülle das wirklich Entscheidende, das Grundlegende, das Notwendige? Sokrates, der berühmteste aller Philosophen, wusste nur, dass er nichts weiß. Wissen wir um diese Glückseligkeit des Nichtwissens, die Jesus seine Jünger lehrt (Matthäus 5,3)? „Selig sind, die da geistlich arm sind; denn ihrer ist das Himmelreich." Und trauen wir Paulus noch, wenn er an die Korinther schreibt (1. Korinther 13,12): „Jetzt erkenne ich stückweise ..." Wer erinnert sich noch an die letzten Worte Luthers? „Wir sind Bettler, das ist wahr."

In der Tat, wir erkennen *gar nicht viel* in der Fülle des Wissens, das wir angehäuft haben. Wissen wir, woher wir kommen und wohin wir gehen? Wissen wir, ob es neben diesem Universum noch andere gibt? Wissen wir, wie wir mit den angehäuften Schuldenbergen fertig werden? Wie wir die Klimakatastrophe verhindern können? Nein, niemand weiß das! Was immer wir wissen, es gleicht einer Eisscholle in einem Meer des Nichtwissens.

Wir spinnen Luftgespinste: Erinnerst Du Dich an mein Zitat zu Beginn? „Was im Hirn ist, das ist im Hirn ..." Wir ersinnen Pläne, Konzepte und Systeme, die den dünnen, filigranen Fäden eines Spinnennetzes gleichen. Vielleicht fangen wir da und dort eine Fliege damit ein. Doch Luftgespinste sind sie, nur Gedanken, bei denen noch lange nicht klar ist, welche von ihnen in Wirklichkeit tragen.

Und suchen viele Künste: Der griechische Begriff für Kunst heißt „technä", aus dem sich unser deutsches Wort Technik herleitet. Künste sind ein Symbol für alles, womit sich Menschen das Leben erleichtern. Was für eine Wunderwelt, die sich da vor unseren Augen ausbreitet! In einem unvorstellbaren Maß haben wir durch die wissenschaftlich-technische Kultur die Welt verwandelt. Aber können wir in ihr auch glücklicher und besser leben?

Und kommen weiter von dem Ziel: Indem wir nach Techniken und Künsten greifen, die uns helfen sollen, das Leben in den Griff zu bekommen, kann es uns leicht passieren, dass wir darüber das Gesuchte verlieren. Denn das Ziel des Lebens kann doch nur die Glückseligkeit sein, hier und heute und dermal einst! Glücklich wird das Leben doch immer dann, wenn es sich rundet und schön wird wie der Vollmond. Es rundet sich aber dort, wo seine unsichtbare und seine sichtbare Hälfte eins werden, d. h. sein Geist sich in seine irdische Existenz einfinden kann. Dann kann einem Menschen das Leben in seiner Fülle, Gänze und Schönheit erscheinen.

Nein, sei ehrlich, Leon, wie mein und Dein Leben gelingen kann, darüber wissen wir beide gar nicht viel und bedürfen dessen, der uns weise machen kann. Der Wandsbeker Bote war sich seines Nichtwissens bewusst und wollte sich und seine Leser dessen bewusst machen! Doch das ist nur die negative Hälfte. Ihm ist zudem ein Weg bekannt, wie sich dieses Nichtwissen auf andere Weise füllen kann. Doch darüber im nächsten Brief mehr!

Dir verbunden!
Dein Elias

7. Brief

Beten und Ruhen in Gott

Lieber Leon,

Du fragst mich nach dem Hintergrund, welchen Matthias zu einem solch leidenschaftlichen Kämpfer für die Religion gemacht hat? Ich habe einen berühmten Zeitgenossen und dessen noch fast berühmtere *Rede des toten Christus vom Weltgebäude herab, dass kein Gott sei* aufgestöbert: Jean Paul! Er malt uns ein atheistisches Lebensgefühl vor Augen, das typisch für uns *stolze Menschenkinder* ist. Ohne ein liebendes Gegenüber, ohne einen inneren Zusammenhalt ist der Mensch einer toten Natur ausgeliefert:

„Ebenso erschrak ich über den giftigen Dampf, der dem Herzen dessen, der zum erstenmal in das atheistische Lehrgebäude tritt, erstickend entgegenzieht. ... (D)das ganze geistige Universum wird durch die Hand des Atheismus zersprengt und zerschlagen in zahlenlose quecksilberne Punkte von Ichs, welche blinken, rinnen, irren, zusammen- und auseinanderfliehen, ohne Einheit und Bestand. Niemand ist im All so sehr allein als ein Gottesleugner – er trauert mit einem verwaisten Herzen, das den größten Vater verloren, neben dem unermeßlichen Leichnam der Natur, den kein Weltgeist regt und zusammenhält, und der im Grabe wächst; und er trauert so lange, bis er sich selber abbröckelt von der Leiche. Die ganze Welt ruht vor ihm wie die große, halb im Sande liegende ägyptische Sphinx aus Stein; und das All ist die kalte eiserne Maske der gestaltlosen Ewigkeit."[15]

Erschrecken will dieser zu seiner Zeit berühmte und vielgelesene Autor seine Leser, damit sie begreifen, was verlorengeht, wenn Gott verlorengeht! Es lohnt sich, einmal die ganze Rede zu lesen! Was für eine Sprachkraft, mit der er die Verlorenheit des Menschen in einer Welt ohne Gott beschreibt! Doch am Ende erwacht der Dichter aus diesem Alptraum: „Meine Seele weinte vor Freude, daß sie wieder Gott anbeten konnte – und die Freude und das Weinen und der Glaube an ihn waren das Gebet." Besser kann wohl keiner uns *stolze Menschenkinder* in ihrer Erhebung und Verlorenheit beschreiben.

Bei Jean Paul endet der Alptraum im Gebet. Genauso fährt auch Matthias Claudius nach seiner ernüchternden Betrachtung des Menschen fort. Wenn die Hoffnung nicht mehr im Bereich menschlichen Vermögens liegt, dann muss sie diesen Bereich überschreiten! Daher wird in der vierten Strophe sein Abendlied zum Gebet:

„Gott, lass uns *dein* Heil schauen,
Auf nichts Vergänglichs trauen,
Nicht Eitelkeit uns freun!
Lass uns einfältig werden
Und vor dir hier auf Erden
Wie Kinder fromm und fröhlich sein!"

Wieder gehe ich den Versen nach. *Gott, lass uns dein Heil schauen:* Wenn wir die Lösung für unser Leben in uns selbst fänden und das Heil aus uns selbst schaffen könnten, dann bräuchten wir kein Gebet und keinen Gott. Wieder und wieder wird das der Bote bewusst machen! Wenn uns aber unser Unheil bewusst wird, dann bleibt uns Menschen nichts anderes übrig, als sich – wie Matthias in seinem Abendlied – im Gebet dem zuzuwenden, der heilen kann. Damit beantwortet der Bote die Gretchenfrage existentiell. Angesichts der Armut und der Grenzen menschlicher Existenz bleibt ihm nur das Ausstrecken nach dem, der beides überwinden kann. Damit vertritt er eine Grundüberzeugung christlichen Glaubens: Keine eigene Anstrengung taugt, um aus dem Jammer, der Armut, der Leere und der Nichtigkeit, ja, aus der Entfremdung der Sünde herauszukommen. Nirgends wird die Religion wahrer als in den Momenten, in denen ein Mensch betet. Das Gebet ist das Herz, die Seele, das innere Leben der Religion.

Er bittet darum, das *Heil Gottes zu schauen!* Leon, interessanterweise gebraucht er nicht mehr den Begriff Sehen wie beim Mond. Bestimmt nicht um des Reimes willen! Ich erkläre mir das so, als habe er das Sehen für die äußere Wirklichkeit reserviert. Schauen dagegen richtet sich mehr auf die innere Erkenntnis. Seiner Wortwurzel nach bedeutet es „aufmerksames Betrachten". In der Mystik spielt es eine große Rolle und will zu einem beschaulichen Leben verlocken. Darum also geht es dem Boten, um eine andere Art der Wahrnehmung, um ein Schauen als ein inneres Einsehen des Heils.

Nichts Vergängliches: Vergänglich ist alles Wahrnehmbare, alles, was wir mit unseren Sinnen erfassen und in uns aufnehmen können. Es hält Dich und mich mit seinem Kommen und Gehen täglich in Atem, ja, wir selbst sind ein Teil davon. Denn alles, was in Raum und Zeit existiert, ist ebenso ankömmlich wie abschiedlich. Es ist da wie der Mond und die Sterne, wie die Welt und der Wald. Viel zu sehr liebt Claudius die Natur, als dass er sie um ihrer Vergänglichkeit wegen verachten könnte. Nein, die Natur und seine Familie, all die kleinen Lebensfreuden im Alltäglichen, bedeuten ihm viel. Doch er warnt davor, sich mit diesen vergänglichen Dingen sein Inneres füllen zu wollen, welches für die Unvergänglichkeit bestimmt ist. Eine unsterbliche Seele könne im Vergänglichen niemals Frieden finden.

Daher bittet Claudius um etwas anderes: *Einfältig* wie die *Kinder sein* – leicht könnten das Menschen missverstehen und Matthias Claudius als kindliches, ja, kindisches Gemüt, in die Ecke stellen. Was ist denn an Kindern so eindrucksvoll anders, dass schon Jesus seinen Jüngern ein Kind zum Vorbild macht? Claudius verrät es uns: die Einfalt! Es gibt eine höhere Dimension des Lebens, die ein Mensch nur dann erfahren kann, wenn er den Mut aufbringt, *einfältig* zu *werden.* Zum Beispiel: Ich habe nur ein Herz und Halbherzigkeit in der Liebe ist ein ganzer Unsinn. Ich habe nur ein Leben und wenn ich auf Erden gut leben will, brauche ich den Mut, mich ganz dem Leben hinzugeben. Ein halbes

Leben ist ein ganzer Unsinn! Wo jemand sich ganz hinzugeben wagt, da wird er erfahren, wie *fromm* – treu meint dieses Wort – und *fröhlich* ein Leben mit ungeteiltem Herzen werden kann.

Mit der sechsten Strophe betet Matthias Claudius angesichts des Todes zu Gott. Der Tod ist – wie Du noch merken wirst – ein ständiger Begleiter des Boten! Er kann ihn deswegen so fest ins Auge fassen, weil er sich in Gott geborgen weiß, welcher uns über den Tod hinaus tragen kann:

„Wollst endlich sonder Grämen
Aus dieser Welt uns nehmen
Durch einen sanften Tod!
Und, wenn du uns genommen,
Lass uns in Himmel kommen,
Du unser Herr und unser Gott!"

Sonder – d. h. ohne – *Grämen*: Innerlich stehen wir mit Claudius noch immer vor der Haustür. Der Mond überschüttet die schlafende Landschaft mit Silberglanz und hoch am Himmel funkeln die Sterne. Doch es ist Nacht. Sie ist seit alters her ein Symbol des Todes. Ja mehr noch! Jeder Tag, den das liebe Leben Dir und mir schenkt, stirbt in die Nacht hinein. Täglich also erfahren wir einen kleinen Tod, wie der berühmte römische Philosoph Seneca betont. Der Tod kommt nicht erst am Ende des Lebens, Leon! Welche Illusion! Sondern mit jedem Tag, der vergeht, ist auch ein Tag meines und Deines Lebens gestorben, unwiederholbar und unwiederbringlich dahin!

Einen sanften Tod: Bitter ist oft das Sterben. Lange müssen sich Menschen quälen, bis sie hinscheiden können. Deswegen bittet Claudius um das, worum wohl jeder und jede bitten würde: dass ihnen ein sanfter Tod gewährt werde. Am sanftesten stelle ich mir das Sterben vor, wenn es mir nach dem Einschlafen widerfahren würde. Im Einschlafen entschlafe ich: *sanft!*

Lass uns in Himmel kommen: Der sanfte Tod betrifft nur die eine Hälfte des Sterbens, das Weggehen aus dieser Welt. Es gibt für Claudius die andere Hälfte, von der wir allerdings nur im Glauben wissen können, nämlich wohin wir gehen werden.

Wenn nicht in ein Nichts, dann doch in den Himmel! Was aber ist der Himmel? Claudius beschließt sein Gebet mit Gott und gibt so eine Antwort darauf: *Du unser Herr und unser Gott!* Gott selbst ist die Seligkeit, in die wir einkehren werden. Die Einkehr in ihn stelle ich mir als Inbegriff allen Glücks, aller Schönheit und allen Lichtes vor, dass er als Schöpfer diese Wirklichkeiten noch überstrahlt!

Mit der siebten Strophe kehrt der Dichter zu den Menschen zurück und verabschiedet sich von ihnen in die Nacht:

„So legt euch denn, ihr Brüder,
In Gottes Namen nieder;
Kalt ist der Abendhauch.
Verschon uns, Gott! mit Strafen,
Und lass uns ruhig schlafen!
Und unsern kranken Nachbar auch!"

So legt euch denn, ihr Brüder: Einige meinen, damit hätte er seine Freimaurerbrüder gemeint. Für mich kann er – gerade nach den zwei Strophen des Gebets zu Gott – nur die Bruderschaft aller Menschen meinen. Dabei wird mir jetzt erst richtig bewusst, dass Matthias Claudius sein Abendlied ganz im Plural, d. h. in der Mehrzahl gedichtet hat: *Seht ihr den Mond dort stehen?* Oder: *Wir stolze(n) Menschenkinder* und nun: *ihr Brüder!* Menschenbrüder und Menschenschwestern sind wir des einen Vaters und Schöpfers. Menschenbrüder und Menschenschwestern sind wir durch unseren Bruder Jesus. Menschenbrüder und Menschenschwestern sind wir durch den einen Geist der Liebe, der uns verbindet.

Also können wir die eine Menschheit nicht aufspalten in Freunde und Feinde, Böswillige und Gutwillige, Verbrecher und Wohltäter, Vergewaltiger und Liebhaber, Richtige und Verkehrte, Fromme und Gottlose, Hohe und Tiefe, Arme und Reiche. Übrigens: Das alles macht uns, wenn wir einschlafen, nicht mehr aus. Schlafend sind wir alle gleich, ob König oder Bettelmann, ob Milliardär oder armer Schlucker, ob Mann oder Frau, Schwarzer, Gelber, Roter oder Weißer, Atheist oder Christ, Moslem oder Buddhist. –

Und nun, da die Abendkälte heraufsteigt und uns frösteln

lässt, wollen wir mit dem Dichter die Haustür schließen und uns niederlegen, nicht irgendwie, sondern im *Namen Gottes,* dass er über uns wachen möge. Während wir in der Bewusstlosigkeit versinken, wacht er als der Geist über uns, der *nicht schläft und schlummert,* wie es in Psalm 121 heißt. Schlafend hoffen wir für unsere Zukunft: *Verschon uns Gott mit Strafen.* Immer wieder haben Menschen Katastrophen und Unglücke wie eine Strafe Gottes erfahren. Von einem strafenden Gott wollen wir Heutigen überhaupt nichts mehr hören! Er soll alle auf gleiche Weise lieben, egal, was ein jeder getan haben mag. Folgenlos soll unser Tun bleiben. Doch wissen wir schon in der sichtbaren Welt, dass keine Tat ohne Folgen bleibt. Wir sind frei zu handeln, aber auch verantwortlich für das, was wir in die Welt setzen. Für die Folgen unserer Taten müssen wir einstehen. Dennoch hoffen wir: Schonend soll Gott unsere Geschicke lenken, das ist des Boten und auch unser Gebet.

Und lass uns ruhig schlafen: Wer unter Schlaflosigkeit leidet, der wird wissen, wie viel diese Bitte um einen ruhigen Schlaf wert ist, einen Schlaf, der mich erholt erwachen lässt. Und mit dieser Bitte hebt Claudius seinen Blick über das eigene Haus hinaus zum Nachbarn hin, zu dem Nächsten, der krank liegt und den Sorge und Angst belasten. In unserem bittenden Gedenken lassen wir niemanden allein, weil wir selbst eingebunden sind in die Geschwisterschaft der Menschen.

Vom Mond am Nachthimmel bis zum kranken Nachbarn spannt sich der Bogen von Claudius' nächtlicher Betrachtung, vom Stolz des Menschen, seiner Gefährdung durch Eitelkeit und Leere bis hin zu der Schau des Heils, das Gott allein zu geben vermag. Leon, hier hast Du die Antwort des Wandsbeker Boten auf die Gretchenfrage: Er findet in der christlichen Religion seine innere Mitte und seinen abendlichen Frieden.

Nun hoffe ich, dass Du auf Claudius und seine Beantwortung der Gretchenfrage eingestimmt bist. Ich jedenfalls bin voller Tatendrang, mit Dir tiefer in das Werk des Wandsbeker Boten einzudringen.

Liebe Grüße,
Dein Elias

8. Brief

Der Mond als Symbol der Vergänglichkeit und des Todes

Mein lieber Leon,
das ist ja originell! Du hast in Heideggers *Sein und Zeit* auch ein paar Zeilen über den Mond als Symbol des Unvollständigen entdeckt. Claudius sei also nicht der Einzige, der dessen Symbolik reflektiere. Rührend, auch wenn der große philosophische Meister den Dreiviertelmond beschreibt:

> „Man kann zum Beispiel sagen: am Mond steht das letzte Viertel noch aus, bis er voll ist. Das Noch-nicht verringert sich mit dem Verschwinden des verdeckenden Schattens. Dabei ist doch der Mond immer schon als Ganzes vorhanden. Davon abgesehen, daß der Mond auch als voller nie *ganz* zu erfassen ist, bedeutet das Noch-nicht hier keineswegs ein noch nicht Zusammen*sein* der zugehörigen Teile, sondern betrifft einzig das wahrnehmende *Erfassen*."[16]

In der Tat – mein lieber Leon: Der Mond ist immer schon ganz, auch wenn ich ihn zeitweise nur teilweise erfasse. Das hat Claudius doch schon vor Heidegger gewusst, aber dichterischer ausgedrückt.

Doch will ich Dir nun tiefer darlegen, welch herausragende Rolle der Mond bei dem Dichter spielt. Er begegnet einem „auf Schritt und Tritt" in seinen *Sämtlichen Werken*, zum Beispiel (18f): „Am liebsten aber les ich im Sankt Johannes. In ihm ist so etwas ganz Wunderbares – Dämmerung und Nacht, und durch sie hin der schnelle zückende Blitz! 'n sanftes Abendgewölk und hinter dem Gewölk der große volle Mond leibhaftig! so etwas Schwermütiges und Hohes und Ahndungvolles, daß man's nicht satt werden kann." Ich glaube, treffender kann wohl kaum jemand das Johannesevangelium mit Mond, Nacht, Blitz und Gewölk versinnbildlichen und so dessen Verhältnis von Offenbarung und Verhüllung umschreiben.

Die Nacht gehört dem Mond und der Liebe zwischen Mutter und Kind (EIN WIEGENLIED BEIM MONDSCHEIN ZU SINGEN; 75-77):

„So schlafe nun du Kleine! / Was weinest du?
Sanft ist im Mondenscheine, / Und süß die Ruh.

Auch kommt der Schlaf geschwinder, / Und sonder Müh:
Der Mond freut sich der Kinder, / Und liebet sie. ...

Und bald nach ihren *Wochen* / Hat Mutter mal
Mit ihm von mir gesprochen: / Sie saß im Tal

In einer Abendstunde, / Den Busen bloß,
Ich lag mit offnem Munde / In ihrem Schoß.

Sie sah mich an, für Freude / Ein Tränchen lief,
Der Mond beschien uns beide, / Ich lag und schlief;

Da sprach sie! ‚Mond, oh! scheine, / Ich hab sie lieb,
Schein Glück für meine Kleine!' / Ihr Auge blieb

Noch lang am Monde kleben, / Und flehte mehr.
Der Mond fing an zu beben, / Als hörte er.

Und denkt nun immer wieder / An diesen Blick,
Und scheint von hoch hernieder / Mir lauter Glück.

Er schien mir unterm Kranze / Ins Brautgesicht,
Und bei dem Ehrentanze; / du warst noch nicht."

Leon, was für ein anrührendes Gedicht, wie nachts eine Mutter über ihrem kleinen Mädchen – beide vom Mond umschienen – sinniert. Doch dann wird die *Kleine* zur heimlichen Zuhörerin. Sie belauscht ihre Mutter, die den Mond leise um Glück für ihr Kind bittet und sieht, wie dieser mitfühlend zu nicken scheint. Danach wandern die stillen Gedanken der Mutter zurück in ihre Hochzeitsnacht, wo ihr derselbe Mond einstmals schien. Ach, Leon, was für dürre Worte, mit denen ich Dir dieses Wiegenlied nahebringen will! Der Mond als Geheimnis beglückender Liebe und als Zeuge der Zuwendung zwischen Mutter und Kind! Doch bevor ich noch mehr Worte mache, bitte ich Dich: Lies das Wiegenlied noch einmal, dann noch einmal und schließlich noch einmal. Das wird Dir mehr sagen als alles, was ich Dir je dazu schreiben könnte.

Hierzu passen ebenso die Liebeslieder, die der junge Claudius dem Mond – als der lateinischen Göttin Luna – schreibt (57): „Stille glänzende Freundin, Ich habe Sie lange heimlich geliebt; als ich noch Knabe war pflegt ich schon in den Wald zu laufen und halbverstohlen hinter'n Bäumen nach Ihnen umzublicken, wenn Sie mit bloßer Brust oder im Negligé einer zerrissenen Nachtwolke vorübergingen." Doch traurig scheint dem Jungen seine Geliebte zu sein und seine Mutter deutet ihm das aus der griechischen Mythologie. Zeus habe ihren Geliebten Endymion in einen ewigen Schlaf versetzt, um so seine Schönheit zu erhalten. Danach fährt der liebende Junge fort (57f): „ Sie gehen immer, allein und traurig, um unsre Erde herum, wie ein Mädchen um das Begräbnis ihres Geliebten, als wenn das Rauschen von erstickten Seufzern des Elendes und der Laut vom Händeringen und das Geräusch der Verwesung Ihnen süßer wären …" Hier wandelt der Dichter das mythologische Bild des schlafenden Endymions. Sein Grabmal wird der liebenden Mondgöttin zum Symbol für alles Elend des Irdischen und macht, dass sie so traurig einhergeht.

Der Mond ist also nicht nur Zeuge des Werdens und Vergehens, sondern steht auch für diese Vergänglichkeit. An ihm scheiden sich himmlische und irdische Welt. Den Anfang der Strophe kennst Du schon: „Jenseit(s) des Monds ist alles unvergänglich …" Dort fährt er fort (60):

„Hier unterm Mond Natur ist anders gar,
Ein brütend Saatfeld für den Tag der Garben;
Da wanket alles immerdar,
Und wandelt sich, und spielt mit Farben,
Mit Wasserblasen wunderbar.
Die armen Menschen traun – –
– – – –
Und raufen sich das Haar."

Unterm Mond bleibt nichts, wie es war. Der Bote nimmt sich als Leitmotiv für sein Gedicht einen Knaben, der seinen zerplatzenden Seifenblasen nachtrauert. Der Mond – nicht nur ein Symbol der Nachtseite des Bewusstseins, sondern ein Spiegel der Vergänglichkeit unseres Daseins.

Doch wenn Du nun denkst, der Bote habe sich in seinen Bezügen zum Mond erschöpft, hast Du Dich getäuscht. Dieser wird ihm zu einem Symbol in der Philosophie und in der Theologie. Und beides will ich Dir noch zeigen. Matthias beschreibt die beiden Kräfte im Inwendigen des Menschen, deren eine – den platonischen Pferden gleich – zum Himmel strebt und deren andere in den Staub der Erde kriechen will, und schließt (284): „Der Funke wird von der Asche gedrückt! Der Mond ist im Schatten der Erde! – – – – – – – Und sie stehen und schreien und klappen in den Kessel ihrer Philosophie und Moral, um ihm aus der Not zu helfen; indes er, nach ganz andern Gesetzen, bleibt oder herausgeht." Der Mond gerät unter den Schatten der Erde und das Himmelsgestirn verdunkelt sich durch die erdhaften Triebe. Doch sein Überschattetsein und sein Leuchten unterliegen nicht den Gesetzen des Verstandes, sondern denen der Natur. Deswegen werden alle Versuche, dem Menschen mit irdischer Weisheit aus Überschattungen herauszuhelfen, vergeblich bleiben.

Doch gibt es Stunden, wo der Mond ohne den Schatten der Erde sein volles, milchiges Licht über die Erde verströmt (AM KARFREITAGMORGEN; 16):

„Bin die vorige Nacht unterwegen gewesen. Etwas kalt schien einem der Mond auf den Leib, sonst war er aber so hell und schön, daß ich recht meine Freude dran hatt, und mich an ihm nicht konnte satt sehen. Heut nacht vor tausendachthundert Jahren schienst Du gewiß nicht so, dacht ich bei mir selbst; denn es war doch wohl nicht möglich, daß Menschen im Angesicht eines so freundlichen sanften Monds einem gerechten unschuldigen Mann Leid tun konnten! –"

Öfter spricht der Bote vom kalten Mondlicht, denn es wärmt nicht im Gegensatz zu dem der Sonne. Doch hell und freundlich scheint es ihm gleichwohl, sodass sich daran nicht satt sehen kann. Zu jedem Passahfest scheint der Vollmond, so auch vor rund 1800 Jahren, damals so rund und schön wie dem Boten heute. Dennoch hatte die Religionsbehörde – in dieser Mondnacht! – Jesus zum Tode verurteilt. Angesichts des friedlichen Mondscheins ist es Matthias Claudius völlig unbegreiflich, wie Menschen ihren Meister verraten und verlassen, wie sie ihn verspotten und zum Tod verurteilen konnten. Hätte nicht das Mondlicht sie milder und versöhnlicher stimmen müssen? Ja, Leon, hätte, wenn sie den Mond wahrgenommen hätten. Aber vermutlich waren sie so von ihren Ängsten geplagt, auf ihre Vorstellungen fixiert und so hasserfüllt, dass der Mond keine Chance hatte, auf ihren Geist zu wirken. Zu aufgepeitscht waren ihre Gefühle und Gedanken! Doch 1800 Jahre später sieht Matthias denselben Mond und wird durch seinen Anblick verwandelt. Leon, hier entdecke ich etwas Neues. Neben die Bibel tritt die Natur als Quelle der Offenbarung. Der Mond kündet ebenfalls von der Güte Gottes, nicht nur die Schrift. Und er tut es lauter und deutlicher als in früheren Zeiten.

Ich kann mir das nur so erklären: Als das Bewusstsein sich durch die Aufklärung weiter von der Natur zu entfernen beginnt, setzen in der Romantik Gegenkräfte ein, um den Geist wieder in die Natur einzubinden. Du erinnerst Dich doch an das berühmte Bild von Caspar David Friedrich?

Caspar David Friedrich, 1819/20,
Zwei Männer in Betrachtung des Mondes.

Ich hoffe, Du begreifst nicht nur, dass Matthias Claudius einer der ersten Romantiker war, sondern dass für ihn der Mond über die Nachtseite des Bewusstseins mehr zu künden hatte als die Sonne. Oder muss ich es genauer sagen: Der Mond hatte Neues zu künden, Geheimnisvolles, während im Licht der Sonne das Bekannte und Erkennbare klar und deutlich zu Tage tritt.

So weit für heute, es grüßt Dich
Dein Elias

9. Brief

Freundschaft mit dem Tod

Mein lieber Leon,
Dir sei schon beim Abendlied des Boten aufgefallen, dass er so freimütig über den Tod der Menschen spreche. Und nun noch der traurige Mond und die Betrachtung der Vergänglichkeit! Man könnte vermuten, dass sich bei ihm ein düsteres „memento mori – gedenke des Todes" – wie im Mittelalter und im Barock meldet. Ein Freund erzählte mir, er habe gelesen, dass Matthias Claudius durch schwere Erfahrungen mit dem Tod traumatisiert worden sei und er deswegen ein Leben lang um die Bewältigung des Todes gerungen habe. Nur zu verständlich! Der Tod als Schicksal hat zentrale Bedeutung im Leben des Boten. Doch spielt der Tod bei ihm darüber hinaus noch eine andere, weit entscheidendere Rolle als Freund. Und das ist doch erstaunlich!

Zunächst will ich der Frage einer möglichen Traumatisierung nachgehen. Matthias Claudius kommt am 15. August 1740 in Reinfeld/Holstein als vierter Sohn des gleichnamigen Pastors Matthias Claudius (1703-1773) und seiner zweiten Frau Maria, geborene Lorck, (1718-1780) zur Welt. Seinen so musikalisch klingenden Namen verdankt er einem Vorfahren, der sich latinisierend von Klaus Paulsen in Claudius Pauli umbenannte. Der Vorname Claudius blieb und vererbte sich als Nachname weiter.[17] Er entstammt väterlicherseits in fünfter Generation einem evangelischen Pastorengeschlecht aus der Gegend von Tondern. Mütterlicherseits kommt er aus einer „angesehenen Flensburger Kaufmanns- und Ratsherrenfamilie" (AK 19f). Soweit verläuft alles für eine Existenz im Bildungsbürgertum seiner Zeit normal.

Früh und häufig jedoch muss Matthias dem Tod ins Auge sehen.

Gerade erst elf Jahre alt geworden, verliert er in einem Jahr drei seiner Geschwister. Peter Berglar kommentiert (PB 13): „In einer heute kaum mehr vorstellbaren Weise gehört Kindertod zum fast selbstverständlichen Schicksal jeder Familie." Noch dramatischer trifft ihn das Todesgeschick, als sein innig geliebter Bruder Josias während des Studiums in seinen Armen stirbt. Dabei entrinnt er selbst mit knapper Not dem gleichen Schicksal (AK 30): „Der Tod des Bruders war für Claudius das erschütterndste Ereignis der Jenaer Zeit. Im Herbst 1760 erkrankten beide Brüder an den >Blattern< oder Pocken, dieser hochansteckenden, oft tödlichen Krankheit, gegen die es kein Heilmittel gab ... Matthias übersteht die schwere Krankheit aus eigener Kraft, Josias aber stirbt in seinen Armen, ohne dass er helfen kann."

Vom Schatten des Todes gezeichnet, meldet sich der Dichter in ihm zu Wort. Reimend versucht er den Verlust zu verarbeiten. Ich will Dir ein paar Verse aus dem Schluss seiner *Tändeleien und Erzählungen* wiedergeben (ICH MAG HEUT NICHT IM DICHTERSCHMUCK ERSCHEINEN; 726):

> „Und dieser Redliche – sag's traurig, mein Gedicht,
> Er starb in meinem Arm – – – dort ist er eingegraben.
> O GOTT – – Nein – ich will ihn nicht wiederhaben –
> Ach – zürn auf diese Träne nicht! – –"

Hier zittert noch die Erfahrung nach. Um ihr Raum zu geben, greift Claudius zu einem für ihn typischen Mittel: zum Gedankenstrich! Hierdurch will er der Fantasie des Lesers Raum geben, das Ungesagte – ja Unsagbare – in sich nachzuempfinden. Für mich ist auffällig, dass er versucht, die Erschütterung durch den Tod mit frommer Ergebenheit zu dämpfen (725):

> „GOTT hatte, GOTT, der's mitten in dem Leide,
> Wodurch er uns zu strafen scheint,
> Doch treu und redlich mit uns meint
> (Ich glaub es fest, und das ist meine Freude),
> Mir einen Bruder hier geschenkt ..."

Spürst Du hinter seiner christlichen Ergebenheit nicht auch etwas noch Angelerntes, dogmatisch Korrektes, aber nicht zueigen Gewordenes? Viel echter klingt mir eine andere Klage über den Tod Josias' (KLAGE *bei der Gruft seines geliebtesten Bruders Herrn Josias Claudius* der Gottesgelehrtheit rühmlichst Beflissenen, welcher zu Jena den 19. des Wintermonats 1760 selig verschied; 894ff):

„Er ist dahin, ach der Geliebte,
Ach, meine Freude ist dahin;
Den meine ganze Seele liebte,
Mein bester Bruder ist dahin! ...

Er starb, der Redliche, der Gute,
Er ist nicht mehr: ich aber bin!
Ach, Kummer schleicht mit meinem Blute
Durch jede kleinste Ader hin. ...

Er war der zärtlichste der Brüder,
Mein Glück mein Wunsch, mein ew'ger Stolz;
Ich küßte ihn, und er küßte wieder,
Und – ach, mein ganzes Herz zerschmolz! ...

Itzt aber ist er mir entrissen;
Hoch, über alle Welten hoch,
wo Seligkeiten ihn umfließen,
Denkt er an mich, und liebt mich noch.
Ich aber, ach, ich muss hier leiden; ...
...
Ja, ich will weinen, ich will klagen.
Laut um ihn klagen; und betrübt
Will ich den Blumentälern sagen:
‚Der starb, den meine Seele liebt;

Oft ging ich Arm in Arm geschlungen,
Mit ihm vertraulich hier einher;
Ach aber, ach der ist nicht mehr,
Der mich in seinen Arm geschlungen.' ..."

Leon, erkennst Du auch die Anklänge an das Hohe Lied der Liebe aus der Bibel (Hohelied Salomo 3,1-4) in diesem wiederholenden „Den meine Seele liebt"? Wird Dir nicht auch beim vertraulichen Umgang, ja, der innigen Nähe der beiden Brüder, ganz warm ums Herz? Doch bei allem Kummer tröstet sich Matthias mit der Seligkeit einer ewigen Heimat, in die sein Bruder eingegangen ist. Der Glaube hilft ihm das Leiden zu tragen, das ihm, dem noch Lebenden, auferlegt ist.

Ich mache einen großen Sprung. Der Tod wird ihm ein Leben lang weiter liebe Menschen nehmen. Am Ende sind es gar Enkelkinder, die vor ihm gehen müssen. Zuerst ist es sein Enkelsohn Johannes, Kind seines Schwiegersohns Perthes und seiner Tochter Caroline, über den er sich und sie mit einem Gedicht hinwegtröstet (18. 12. 1809; 623F; P** UND C** BEI DEM BEGRÄBNIS IHRES J***):

„So wie ein Ackersmann die Saat
Auf seinen Acker streut,
Und, wenn er sie gestreuet hat,
Sich auf die Ernte freut;

So freuen auch mit Tränen wir
Uns auf den Erntetag,
Und bringen unsern Knaben hier
Hin in sein Schlafgemach;

Daß er, nach Ungemach und Not,
Die langsam ihn verzehrt,
Nun Ruhe habe, bis ihn *Gott*
In seiner Ruhe stört;

Wenn die Triumphposaune schallt,
Und er in seiner Gruft
Die Stimme hört, die mit Gewalt
Durch alle Gräber ruft;

Und dann hervorgeht, jung und schön,
Nachdem es Gott gefällt;
Und *wir* ihn fröhlich wiedersehn,
In einer bessern Welt,

Wie wir ihn hier im Elend sahn,
Und *er* uns ungetrübt,
Uns ohne Ende, lieben kann,
Wie er uns hier geliebt. –

Schlaf wohl denn, bis die Stimme ruft!
Wir gönnen dir dein Glück,
Und gehen heim von deiner Gruft,
Und lassen dich zurück."

Matthias greift das biblische Bild vom Samenkorn auf (Johannes 12,24): „Wenn das Weizenkorn nicht in die Erde fällt und erstirbt, bleibt es allein; wenn es aber erstirbt, bringt es viel Frucht." Wieder – wie so oft – ist es der Schlaf, der den Sterbenden sanft aufnimmt. Und dann umdichtet er diesen Schlaf mit der alten, christlichen Vorstellung, dass die Verstorbenen schlafen, bis die Posaune sie zum letzten Gericht herausruft. Dann aber werden alle in reiner Liebe vereinigt sein. Mit diesem Trost können sie den Kleinen in seinem Grab zurücklassen. Noch einmal muss er – am 24. Januar 1814, seine Tochter Caroline über den Tod ihres Sohnes Bernhard trösten (Br II, 299f):

„Gott gab Dir den holden Knaben, daß Du ihn eine Zeitlang in Deinen Armen hättest und Dich an ihm freutest, und er nahm ihn wieder zu sich, daß er bewahrt wäre vor der Welt und ihren Dornen. Er kommt nicht wieder zu Dir, doch Du kommst zu ihm, wo er in besserer Gesellschaft in Gottes Garten spielt. – Und hat Gott nicht Macht zu tun mit den Seinigen, was er will, und wolltest Du scheel, da er so gütig ist. Liebe Caroline, als Christiane und der kleine Matthias starben, habe ich auch bitterlich geweint; doch als die ersten bitteren Stunden vorüber waren, ward es heller um mich und in

Wahrheit, ich wünschte sie nicht wieder zurück. Alle Trübsal, wenn sie da ist, dünkt sie uns nicht Freude, sondern Traurigkeit zu sein, doch wenn sie mit Ergebung getragen ist, wirkt sie Reue, die niemand gereuet.

Wäre es nicht geraten, daß Ihr hierher kommt und Du das Haus und den Ort verließest, wo Du den ganzen bitteren Schmerz ausgehalten hast. Kommt hierher, und wir wollen an Euch tun, was wir können ..."

Wie versucht er hier zu trösten? Mit einer Bewahrung vor den Leiden und Lasten dieses Lebens, mit einem Wiedersehen im Himmel, aber auch mit der Beugung unter den nicht hinterfragbaren Willen Gottes (vgl. Römer 9,20f), der uns Heutigen so viel zu schaffen macht. Du siehst: Der Bote ist durch und durch in der Bibel zuhause. Fast zu direkt und zu hart erschiene mir sein herbes, im Glauben gegründetes Trösten, wenn er nicht auch sich selbst eingebracht hätte. Er erzählt, wie bitter für ihn der Tod zweier seiner Kinder gewesen sei und wie er sich doch zum Leben mit der Einsicht des Paulus durchgerungen hätte, dass die zeitliche Trübsal Ewiges bewirken könne (2. Korinther 4,17). Dann bietet er seiner Tochter an, sie bei sich aufzunehmen, damit sie durch den „Tapetenwechsel" leichter die bittere Zeit ihres langen, vergeblichen Ringens um das Leben des kleinen Bernhards bewältigen könne. Das zeugt für mich von seiner väterlichen Liebe und großen Einfühlsamkeit.

All das könnte gute Gründe dafür abgeben, dass Matthias Claudius in der Tiefe seines Lebens vom Tod traumatisiert ist. Dennoch fällt sein Schicksal im Vergleich zu den Menschen seiner Zeit nicht aus dem Rahmen. Krankheit und Tod üben, viel mehr noch als heute, ihre bedrückende Herrschaft über die Lebenden aus.

Doch nun kommt das für mich Überraschende. Matthias Claudius widmet seine „Sämtlichen Werke des Wandsbecker Bothen" dem Tod! Leon, begreifst Du das? Der Tod spielt also nicht nur eine bedeutende Rolle in seinem Leben und Verarbeiten, sondern er macht ihn sich zum Freund, diesen Tod, der doch der unerbittlichste Feind des Lebens ist! Leon, wie das?

Er macht das nicht aus einer Augenblickslaune heraus, sondern weit vorausplanend bestellt er über seinen Freund Gerstenberg ein Bild bei Johann Martin Preisler, dem königlichen Justizrat und Professor der Kunstakademie in Kopenhagen (Br I, 114): „Unser lieber Preißler muss mir den Gefallen tun und mir stechen: 1. ein Kupfer so groß als klein 8tav (d.h. oktav, ca. DIN A 4), das den Tod mit der Hippe (d. h. Sichel) vorstellt und darunter soll stehen ‚Freund Hain. ...' Der Tod muss der gewöhnliche Knochenmann sein. Will Preißler ihm eine Blume in seine Hand geben, so steht das bei Preißler."

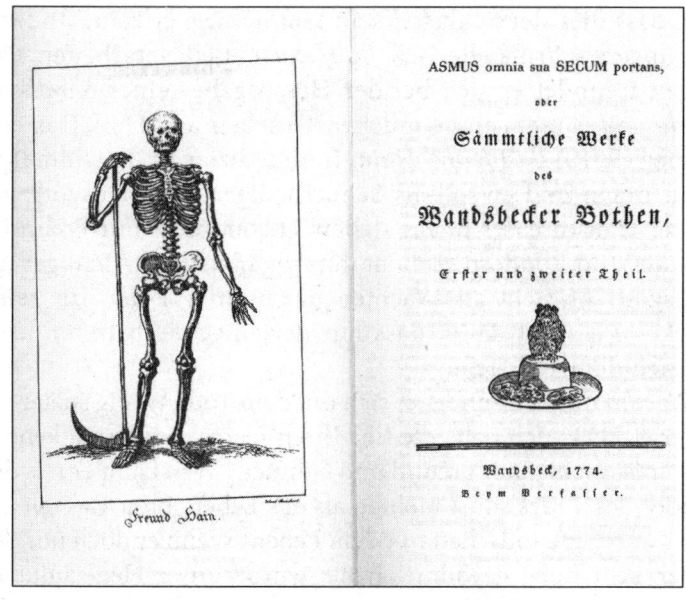

Johann Martin Preisler, Kopenhagen, 1774

Stell' Dir einmal vor, Du hättest 1775 zu Ostern von Claudius sein Werk zugesandt bekommen. Du hättest Dich in einen bequemen Lehnsessel gesetzt und gemütlich die Titelseite aufgeschlagen. Dann wäre Dir zuerst dieser Knochenmann – allerdings ohne Blume! – ins Auge gesprungen. Welche Gefühle wären bei Dir wach geworden? Freundschaftliche? Hättest Du dieses Bild nicht eher abstoßend empfunden, ja, schlussendlich als eine unbegreifliche Geschmacksverirrung wahrgenommen? Warum machte er das, hättest Du Dich doch gefragt, wie auch ich mich heute frage.

Ein Scherz kann es nicht sein, denn mit dem Tod ist nicht zu spaßen. Aber ein Ausdruck seines Traumas kann es auch nicht sein. Dazu spricht er mir zu positiv und zu freundlich vom Tod. Neulich brachte mich meine Frau auf eine verblüffende Lösung, die mir viel mehr einleuchtet: Der Bote will sich mit dem Tod anfreunden. Freundschaft mit dem Erzfeind des Lebens, dem Tod, das ist sein Thema! Wie Schuppen fiel es mir von den Augen, dass dies der Schlüssel sein könnte, wie er seine Todeserfahrungen schriftstellerisch und existentiell verarbeitet. Deswegen freundet er sich bei der Herausgabe seiner *Sämtlichen Werke* mit diesem unheimlichen Gesellen an (11): „Das erste Kupfer (S. 10) ist *Freund Hain*. Ihm dedizier (d. h. widme) ich mein Buch, und er soll als Schutzheiliger und Hausgott vorn an der Haustüre des Buchs stehen." Leon, nicht nur Freund ist ihm der Tod, sondern er dient ihm sogar als Schutzheiliger und Hausgott! Er steht als Wächter gleichsam vor der Tür seiner Werke und sorgt dafür, dass nur derjenige sie betreten kann, der sich dem Tod stellt.

Warum nur befreundet er sich mit dem Tod? Wenig später verrät er es (11): „Ich habe die Ehr Ihren Herrn Bruder zu kennen, und er ist mein guter Freund und Gönner." Wen kann er mit dem Bruder des Todes sonst meinen als das Leben, ohne das der Tod nicht wäre? Freundschaft mit dem Leben! Wenn er doch nur dem Leben sein Buch gewidmet hätte, würde unser Herz aufjubeln können. Ein solches Buch könnte heute ein Bestseller werden: Freundschaft mit dem Leben! Doch wer mit diesem Leben, diesem *Freund und Gönner,* befreundet ist, der muss feststellen, dass diese Freundschaft nicht ohne seinen Bruder, den Tod, zu haben ist. Daher kommt für den Boten die Nötigung, mit dem Bruder des Lebens, mit dem Tod, Freundschaft zu schließen. Das ist freilich nicht so einfach (11):

„'s soll Leute geben, heißen starke Geister, die sich in ihrem Leben den *Hain* nichts anfechten lassen, und hinter seinem Rücken wohl gar über ihn und seine dünnen Beine spotten. Bin nicht starker Geist; 's läuft mir, die Wahrheit zu sagen, jedes Mal kalt über'n Rücken, wenn ich sie ansehe. Und doch will ich glauben, dass Sie 'n gu t e r Mann sind, wenn man sie genug kennt; und doch ist's mir, als hätt' ich eine Art Heimweh und Mut zu dir, du alter Ruprecht Pförtner! dass du auch einmal kommen wirst, meinen S c h m a c h t r i e m e n aufzulösen und mich auf bess're Zeiten sicher an Ort und Stelle zur Ruhe hinzulegen." (11)

Wenngleich er mit dem Tod Freundschaft schließen will, kann er ihn doch nicht wie so manch anderer schönreden. Sein Erschauern vor ihm bleibt! Doch ringt er um die Erkenntnis, dass der Tod – wie schon das Leben – ein *guter Mann* sein muss, denn er führt in eine bessere Welt. Dieser „Hausgott" steht an der Tür – als Pförtner Ruprecht – eines ewigen Hauses und einer seligen Heimat! Der Tod macht nicht nur dem irdischen Leben ein Ende. Sondern er öffnet ihm die Tür zu einer höheren Welt. Das *Heimweh* nach ihr gibt ihm Mut, Freund Hain zum Türsteher vor seine *Sämtlichen Werke* zu stellen.

Nur wenn der Tod ein Tor zum höheren Leben ist, wird verständlich, warum der Wandsbeker Bote ihn als Freund und schützenden Hausgott an den Anfang seines Werkes stellen kann. Damit wendet er sich in leichtem Ton, aber umso bestimmter, gegen eine reine Diesseitsorientierung. Hier hast Du seine klare Antwort auf die Gretchenfrage: Ohne den Glauben an eine Verklärung des Lebens wäre der Tod eine Gestalt, vor der man erschauern muss und der man am liebsten aus dem Weg gehen möchte.

Leon, das ist keine leichte Kost und doch steht dahinter eine tiefsinnige Einsicht. Niemand kann die Freundschaft zu diesem Leben durchhalten, wenn er nicht den Mut aufbringt, auch Freundschaft mit dem Tod zu schließen. Vielleicht würden wir es heute nüchterner sagen, ein Ja auch zum Tod zu finden. Das aber gelingt nur dann, wenn dieser ein Tor zu höherem Leben ist, wie es der christliche Glaube bezeugt.

In diesem Glauben mit lieben Grüßen
Dein Elias

10. Brief

Der Tod in seiner Dichtung

Mein lieber Leon,
wieder einmal bist Du in Heideggers Hauptwerk *Sein und Zeit* fündig geworden. Er habe als typischer Existenzphilosoph das Leben als *Vorlaufen zum Tode* verstanden. Nicht Freundschaft mit dem Tod, sondern Angst vor dem Tod bestimme demnach den Menschen:

> „Die Geworfenheit in den Tod enthält sich ihm (dem Dasein) ursprünglicher und eindringlicher in der Befindlichkeit der Angst. ... Sie ist keine beliebige und zufällige ‚schwache‘ Stimmung des Einzelnen, sondern, als Grundbefindlichkeit des Daseins, die Erschlossenheit davon, daß das Dasein als geworfenes Sein *zu* seinem Ende existiert.“[18]

Für Dich ist der entscheidende Unterschied zu Matthias Claudius der, dass dieser um eine Freundschaft mit dem Tod ringt, während Heidegger in tragischer Weise sein Todesgeschick auf sich nimmt. Eine tragische, dumpfe Grundstimmung oder eine Flucht ins Vergessen müssten bleiben, wenn der Tod nur als Ende des Daseins und nicht als Tor zu einem höheren Sein begriffen werden könne. Weil nämlich diese Angst so schwer auszuhalten sei und der Lebensbejahung im Wege stehe weiche man heute so gern der Todeswirklichkeit aus, wie Heidegger konstatiert:

> „Das verdeckende Ausweichen vor dem Tode beherrscht die Alltäglichkeit so hartnäckig, daß im Miteinandersein die ‚Nächsten‘ gerade dem ‚Sterbenden‘ oft noch einreden, er wer-

73

de dem Tod entgehen und demnächst wieder in die beruhigte Alltäglichkeit seiner besorgten Welt zurückkehren."[19]

Danke, Leon! Vor diesem Hintergrund wird mir noch deutlicher, wie kühn Claudius ist, wenn er als Bote Freundschaft mit dem Tod schließen will. Wie das konkret aussieht, kannst Du beispielhaft an seinem berühmten, von Franz Schubert später vertonten Lied *Der Tod und das Mädchen,* ablesen (DER TOD UND DAS MÄDCHEN; 86f):[20]

„Das Mädchen
Vorüber! Ach, vorüber!
Geh wilder Knochenmann!
Ich bin noch jung, geh Lieber!
Und rühre mich nicht an.

Der Tod
Gib deine Hand, du schön und zart Gebild!
Bin Freund, und komme nicht, zu strafen.
Sei gutes Muts! ich bin nicht wild,
Sollst sanft in meinen Armen schlafen!"

Siehst Du, Leon, wie er hier dem Tod den Schrecken nehmen will? Er schildert zwar die elementare Angst vor diesem *wilden Knochenmann,* der das so junge Mädchen mit sich nehmen und ihm damit alle irdischen Freuden rauben wird. Aber er lässt ihn wie einen Freund, ja, einen Liebhaber, nahen, der das Mädchen sanft in seinen Armen schlafen lassen will. Hier hast Du seinen Spannungsbogen vom Erschauern bis zum freundlichen Kommen des Todes.

Und noch eines ist dem Boten wichtig. Der Tod macht nüchtern. Dazu findet er ein wunderbares Bild in seiner Auslegung der salomonischen Weisheit „Es ist alles eitel!" (242): „Der Tod ist 'n eigener Mann. Er streift den Dingen dieser Welt ihre Regenbogenhaut ab und schließt das Auge zu Tränen und das Herz zur Nüchternheit auf!" Seine Metapher von der Regenbogenhaut berührt mich besonders. Diese verleiht den Dingen und Menschen einen bunten, geradezu überirdischen Glanz. Aber dieser Glanz gehört nicht wesentlich zu ihnen, sondern ist nur eine ihnen übergestreifte Haut. Ohne diese enthüllen sie sich glanz- und glücklos. Das Wissen darum macht nach Claudius nüchtern und bewahrt davor, die Dinge und Menschen zu überschätzen.

Doch wie geht es dem Boten, wenn er selbst dem Tod ins Auge schauen muss? Er wäre nicht Matthias Claudius, der seine Existenz in Dichtung verwandelt, wenn er nicht auch dieses einschneidende Erlebnis mit Galgenhumor verarbeiten würde (NACH DER KRANKHEIT 1777; 162f):

„Ich lag und schlief; da fiel ein böses Fieber
Im Schlaf auf mich daher,
Und stach mir in der Brust und nach dem Rücken über,
Und wütete fast sehr.

Es sprachen Trost, die um mein Bette saßen;
Lieb Weibel grämte sich,
Ging auf und ab, wollt sich nicht trösten lassen,
Und weinte bitterlich.

Da kam Freund Hain: ‚Lieb Weib, mußt nicht so grämen,
Ich bring ihn sanft zur Ruh':
Und trat ans Bett, mich in den Arm zu nehmen,
Und lächelte dazu.

Sei mir willkommen, sei gesegnet, Lieber!
Weil du so lächelst; doch
Doch, guter Hain, hör an, darfst du vorüber,
So geh und laß mich noch!

‚Bist bange, Asmus? – Darf vorübergehen
Auf dein Gebet und Wort.
Leb also wohl, und bis auf Wiedersehen!'
Und damit ging er fort.

Und ich genas! Wie sollt ich Gott nicht loben!
Die Erde ist doch schön,
Ist herrlich doch wie seine Himmel oben,
Und lustig drauf zu gehn!

Will mich denn freun noch, wenn auch Lebensmühe
Mein wartet, will mich freun!
Und wenn du wiederkömmst, spät oder frühe,
So lächle wieder, Hain!"

Nun, mein lieber Leon, selbst wenn er Todesängste durchgemacht haben muss – und das umso gewisser, als er sein Leben so sehr liebte – bleibt ihm doch sein Humor, mit dem er diese Erfahrung in ein Gespräch mit Freund Hain verwandelt. Er kann ihn mit Bitten und Flehen zum Vorübergehen verleiten. Und dann bekennt sich Matthias zu seiner unverhohlenen Freude an der schönen Erde, die herrlich wie die Himmel ist. Fällt Dir etwas auf? Hier kehrt sich die Blickrichtung im Vergleich zu früheren Zeiten um. Während Paul Gerhard hundert Jahre zuvor die Erde noch als blassen Abglanz des Himmels besang (EG 503,9), findet sie der Bote hier genauso schön und herrlich wie den Himmel, also ohne jeden Abstrich! Gewiss, gerade noch hat er eine schwere Krankheit durchlitten. Gewiss, der Tod streift den Dingen die Regenbogenhaut ab. Dennoch: Die Erde ist himmlisch schön! Das ist sein neues Lebensgefühl und das neue Lebensgefühl der Romantik und, wie ich denke, auch der Moderne. Matthias bejaht die Schöpfung und genießt sie! Und er kann das alles deshalb, weil er sich den Tod zum Freund gemacht hat.

Doch nicht immer kann er mit Humor reagieren. Wie schon Caroline gegenüber angedeutet, trifft ihn der Tod hart, als er am 2. Juli 1796 seine Tochter Christiane mit einundzwanzig Jahren verliert (473):

Christiane Claudius, die frühvollendete Tochter,
der das Gedicht „Christiane" gilt

Nach dem Gemälde von Friederike Leisching

Nach einem Gemälde von Friederike Leisching

„Es stand ein Sternlein am Himmel,
Ein Sternlein guter Art;
Das tät so lieblich scheinen,
So lieblich und so zart!

Ich wußte seine Stelle
Am Himmel, wo es stand;
Trat abends vor die Schwelle,
Und suchte, bis ich's fand;

Und blieb denn lange stehen,
Hatt große Freud in mir:
Das Sternlein anzusehen;
Und dankte Gott dafür.

Das Sternlein ist verschwunden;
Ich suche hin und her
Wo ich es sonst gefunden,
Und find es nun nicht mehr."

Welche Zartheit offenbart der Vater, als er seinen Schmerz in Poesie verwandelt! Kein Wort von Tod und Grab und Sarg, nein, sondern sein Blick wandert zum Himmel, seinen „Augenstern" zu suchen, den geliebten Stern, der für seine Christiane am Himmel steht. Doch ist ihr Stern nicht mehr. Vergebens irrt sein Auge durch die unendliche Sternenwelt. Das Indirekte, Metaphorische dieser Totenklage berührt mich weit mehr, als hätte er medizinisch ihr Sterben an einem Nervenfieber geschildert. Unmittelbar danach lässt er den Tod und die Liebe das Wort ergreifen (473):

„DER TOD
Ach, es ist so dunkel in des Todes Kammer,
Tönt so traurig, wenn er sich bewegt
Und nun aufhebt seinen schweren Hammer
Und die Stunde schlägt."

Leon, dieser Hammerschlag! Ich habe ihn einmal erlebt, als eine Beerdigung – wohlgemerkt eine kirchliche – vom freimaurerischen Ritual begleitet wurde und mit einem Hammer auf den Sarg geschlagen wurde, symbolisch dafür, „wem die Stunde schlägt". Dumpf hallte der Schlag durch die Friedhofskapelle und kündete nichts als Vergänglichkeit. Doch gegen seine Endgültigkeit erhebt sich „DIE LIEBE" (473f):

> „Die Liebe hemmet nichts; sie kennt nicht Tür noch Riegel,
> Und dringt durch alles sich;
> Sie ist ohn Anbeginn, schlug ewig ihre Flügel,
> Und schlägt sie ewiglich."

Nein, die Liebe ist stärker als der Tod und hat Macht, seine Tür und Riegel aufzusprengen. Sie hat, ich finde das von Claudius wunderbar getroffen, einen anderen Schlag als der Hammer, einen sanften, einen lebendigen Schlag der Flügel, der uns in höhere, himmlische Gefilde entführt. Wenn Du mich nun fragst, warum er es mit der Religion hat: Hier findest Du die Kraft seines tiefen Glaubens, dass die Liebe ewig bleibt und deswegen den Tod überwindet.

Und noch einen Trost zieht er einfach und ohne jeden Kommentar aus einer Übersetzung der Bhagavad Gita (474):

> „Sie (die Seele) ist kein Ding, von welchem ein Mensch sagen könnte: es ist gewesen, es ist nun oder es wird künftig sein. Denn sie ist ein Ding ohne Anfang; sie ist von jeher, beständig und ewig, und kann in dieser ihrer sterblichen Hülle nicht vernichtet werden. Wie kann der Mensch, welcher glaubt, daß dies Ding unvergänglich, ewig, unerschöpflich und ohne Anfang ist, wie kann er denken, daß er es töten, oder veranlassen könne, daß es getötet werde?"

Die Unsterblichkeit der Seele ist für ihn ein großes Thema, das auch Reinhard Görisch herausgearbeitet hat.[21] Was mir daran so wichtig ist? Lass es mich hier einfügen. In folgendem Zitat zeigt sich etwas von der religiösen Weite des Boten. Er versteht seinen christlichen Glauben nicht exklusiv, sondern inklusiv (367): „Nun hängen freilich alle wahre Weise und Männer Gottes seit der Welt Anfang mit Christus zusammen, wie die Ströme und Flüsse mit dem Meer." Ist das nicht wunderbar gesehen und hilft, das Große in anderen Religionen mit dem Bestimmten des christlichen

Glaubens zu verbinden? Die Unsterblichkeit der Seele: Könnte das auch für Dich ein Trost schon hier in diesem Leben sein, Leon? Mir zumindest hilft es zu glauben, dass es in mir mehr als nur meinen vergänglichen Körper mit flüchtigen Gedanken gibt!

Ich will zum Ende kommen und mit seinem eigenen Tod schließen. Claudius lag ein Leben lang alles daran, sein Dichten und seine Existenz in Übereinstimmung zu bringen. Doch mehr als der Glaube war auch ihm am Ende nicht gegeben (AK 278): „‚Er hatte gehofft, Gott solle ihm etwas mehr schenken, wie den Glauben‘, erinnert sich die damals sechzehnjährige Agnes Perthes, ‚er sagte, es sei ihm nicht geworden, er hoffte aber bis zum letzten Augenblick darauf, der liebe Großpapa, er starb durch Gottes Gnaden im Glauben, Lieben und Hoffen.‘" Ach, Leon, wie sehr sehnen wir uns nach einer direkten Erkenntnis der anderen Welt, nach einem Begreifen ohne Metaphern, nach einem freien Blick in den offenen Himmel. Und obwohl Matthias es doch hätte besser wissen können, hat er für sich bis zum Schluss eine ähnliche Hoffnung gehegt. Aber es bleibt dabei, für ihn, für uns und für alle nach uns: Wissen können wir über das Jenseits dieser Existenz, über Gott und die Ewigkeit, nichts. Denn der Geist ist unsichtbar und unfasslich. Solange wir in Zeit und Raum existieren, bleibt uns nur der Glaube, wie er damals dem Wandsbeker Boten geblieben ist.

In solchem Glauben verbunden verbleibe ich für heute
Dein Elias

11. Brief

Erstes Glück und herbes Echo; leidige Berufssuche

Lieber Leon,
ob ich nach diesem Kapitel irgendetwas aus den *„Sämtlichen Werken des Wandsbecker Bothen"* zitieren könnte, womit ich das Thema Freundschaft mit dem Tod abrunden könnte? Ich habe ein Gedicht gefunden, in dem der Bote dem Bogen eines Lebenslaufs in einer Schlichtheit und Tiefe nachgeht, die mich jedes Mal von neuem anrührt (DER MENSCH; 248):

„Empfangen und genähret
Vom Weibe wunderbar
Kömmt er und sieht und höret,
Und nimmt des Trugs nicht wahr;
Gelüstet und begehret,
Und bringt sein Tränlein dar;
Verachtet, und verehret;
Hat Freude, und Gefahr;
Glaubt, zweifelt, wähnt und lehret,
Hält nichts, und alles wahr;
Erbauet, und zerstöret;
Und quält sich immerdar;
Schläft, wachet, wächst, und zehret;
Trägt braun und graues Haar etc.
Und alles dieses währet,
Wenn's hoch kommt, achtzig Jahr.
Denn legt er sich zu seinen Vätern nieder,
Und er kömmt nimmer wieder."

Wieder und wieder kannst Du diesen schlichten Zeilen nachsinnen, die doch so viel über den Menschen verraten. In mir hallt der letzte Vers nach: „Und er kömmt nimmer wieder." Wie verdichtet er hier Einmaligkeit und Endgültigkeit unseres Lebens!

Ich will Dir nun darlegen, wie das Leben des jungen Matthias auf dreifache Weise zum Stehen kommt. Das hört sich in einer Zeit, in der Dynamik den höchsten Stellenwert hat, höchst rückständig an. Denn Stehen ist Stillstand und Stillstand ist Rückgang. So erscheint es einerseits demjenigen, für den das Werden alles ist. Aber andererseits schätzen wir jemanden, der nichts zustande bringt, auch nicht besonders. In einer Zeit, in der alles im Fluss ist und die gesellschaftlichen und wirtschaftlichen, die wissenschaftlichen und ökonomischen Bedingungen umgewälzt werden, steht der Bote mit seinem Leben für das Bleibende, das Feste, das Sein mit einer dreifachen Standfestigkeit: Er findet seinen Standort, seinen Berufsstand und seinen Ehestand.

Wie er in seinen Beruf hineinfindet und dort Standfestigkeit beweist, wird den größten Teil meiner kommenden Beobachtungen einnehmen. Ich will Dir nämlich schildern, wie er zum Schriftsteller und Wandsbeker Boten wird. Ab 1759 studieren Matthias und sein Bruder Josias in Jena Theologie. Während Josias bei der Theologie bleibt, kann sich Matthias nicht festlegen. So studiert er außerdem noch Jura, Philosophie und Kameralwissenschaften, d. h. Wirtschafts- und Staatswissenschaften, dazu auch Rhetorik und Dichtkunst (AK 25f). Das zeugt von seinem breiten Interesse. Dass er ohne Studienabschluss blieb, war damals keineswegs unüblich (AK 33): „Claudius verlässt die Universität nach Ablauf der Regelstudienzeit von drei Jahren mit dem >guten Titel étudiant en droit< (Student der Rechte)."

Das alles bleibt ihm äußerlich, verglichen mit der Ursprungserfahrung, die, soweit ich das begreife, das Tor zu seiner eigentlichen Berufung als Schriftsteller aufgestoßen hat. Sie beginnt mit der Freundschaft zu seinem Mitstudenten, dem Dichter Heinrich Wilhelm von Gerstenberg, der indirekt zum Geburtshelfer des Schriftstellers Claudius wird. Dieser veröffentlicht sein Buch *Tändeleyen*, das eine positive Kritik erhält und im Publikum wohlwollend aufgenommen wird (AK 27). Claudius gibt 1763 eigene *Tändeleien und Erzählungen* heraus, unter gleichem Thema, in gleichem Format und mit vergleichbarem Umfang, und schreibt dazu an Gerstenberg am 18. 8. 1762 (BR I, 22): „Ich habe auch Tandeleien gemacht, Tandeleien, denn ich wusste nicht, wie ich sie anders nennen sollte. Hier sind sie, sein Sie so gut und sagen mir, was Ihnen gefällt und was Ihnen nicht gefällt, ein wenig weitläuftig, wenn Sie Zeit und Lust haben."

Sein Freund nimmt Claudius' Erstlingswerk wohlwollend auf, wie sich aus einer Antwort Matthias' schließen lässt (Br I, 23): „Ich verfolge Sie mit Briefen bis in Kopenhagen, Sie sollen zwar Dank für Ihre Antwort haben, aber nicht den feurigen Dank, den ich für Sie fertig hatte; ich wollte von Ihnen nicht gelobt, ich wollte getadelt sein." Hier eine kleine Kostprobe, hinter der ein antiker Liebesroman *Daphnis und Chloe* steht. Matthias schlüpft gleichsam in die Gestalt des Daphnis hinein, um Chloe zu bewundern (AN EINE QUELLE; 708):

> „Du kleine grünumwachsne Quelle,
> An der ich Chloe jüngst gesehn,
> Dein Wasser war so still, so helle,
> Und Chloens Bild darin – so schön.
> Oh, wenn sie sich noch mal am Ufer sehen lässt,
> So halte du ihr schönes Bildnis fest.
> Ich schleiche dann voll Liebe einsam hin,
> Dem Bilde mein Gefühl zu klagen,
> Denn, wenn ich bei ihr selbst bin,
> Dann, ach! dann kann ich ihr nichts sagen."

Liebenswert schüchtern stellt er sich hier dar. Das ist typisch für ihn! Wenn er der Geliebten Auge in Auge gegenüberstünde, dann verschlüge es ihm die Sprache. Aber ihrem Bild gegenüber kann er seinen Gefühlen freien Lauf lassen. Doch sein erster dichterischer, jugendlich-schwärmerischer Aufschwung erstickt in harscher Kritik. Als Nachahmer Gerstenbergs wurde sein Erstlingswerk gründlich zerrissen (AK 27f), insbesondere auch von zwei damaligen „Literaturpäpsten", Christian Felix Weiße und Christoph Friedrich Nicolai (PB 17). Umso erstaunlicher ist allerdings, dass sein Werk 1764 eine zweite Auflage erfährt (PB 17). Claudius scheint die Kritik äußerlich gefasst aufgenommen zu haben, wie er an Gerstenberg schreibt (Br I, 26; 11. April 1763):

> „Eine Neuigkeit muss ich Ihnen doch noch mitteilen, wo Sie sie noch nicht wissen; ich bin in den Zuverlässigen Nachrichten, die zu Jena herauskommen, von B., vermutlich Blasch, hässlich heruntergemacht wegen der Tändeleien und Sie bis in den Himmel erhoben und alle Tändeleien sind nicht von der rechten Art, einige erträglich als der steigende Busen, die Erzählungen sind schlecht, der arme Mann und der Jüngling bedürfen sehr der Feile, sonst geht's noch recht wohl an; es ärgert mich die Kritik nicht, aber dass Herr Blasch so stolz spricht, das ist doch zu viel; indessen ich will die Schmach erdulden und stille sein."

Aber hat er den Verriss seines ersten Werkes wirklich so souverän weggesteckt? Peter Berglar sieht es anders (PB 21): „Durch diese vernichtenden, den Autor geradezu des Plagiats zeihenden Rezensionen, die sein Erstling erhalten hat, ist die Lust am Dichten vorerst dahin. Claudius verstummt ganz; nur in Musik, der er zeitlebens tätig-treu bleibt, im Orgelspiel, spricht er sich mit sich selbst aus." Der Herausgeber des *Göttinger Musenalmanachs* und Claudius' Freund, Heinrich Christian Boje, schreibt später zu den Verrissen (AK 34): „„Zur Zeit der Literaturbriefe ... studierte er zu Jena, schrieb nach Gerstenberg Tändeleien und wurde sehr gemißhandelt! Die Kritiker würden es nicht gethan haben, wenn sie in die Zukunft gesehen hätten! Claudius wäre sonst lange schon bekannt. So ist es mit der Kritik! Sie kann auch ein Genie abschrecken, wenn es sich nicht ganz fühlt!'" Annelen Kranefuss hebt die positive Seite dieser enttäuschenden Erfahrung hervor (AK 35): „Wie ein irritierendes Sandkorn die Muschel dazu provozieren kann, eine Perle zu bilden, könnte die herbe Aufnahme seiner ersten Versuche bei dem angehenden Dichter unterschwellig produktiv nachgewirkt haben."

Du wirst mir zustimmen, dass diese erste Erfahrung für einen Schriftsteller bitter gewesen sein muss. Gleichwohl weiß Claudius um die schöpferische Kraft des Schreibens (277; Subskriptions-anzeige zum 5. Teil der *Sämtlichen Werke*, 15. 12. 1787): „Aber bei der Schriftstellerei hüte sich einer für das erstemal. Wer einmal geschrieben hat, kann hernach schwerlich schweigen. Das ‚Küchlein im Ei' rührt sich immer, pickt, und will heraus." Matthias Claudius weiß sich zur Schriftstellerei berufen. Nun braucht er nur noch Geld, um für seine Leidenschaft leben zu können. Und dazu braucht er eine Stelle, um sich sein Geld zu verdienen. Zunächst kehrt er für ein Jahr in den Schoß seines Elternhauses zurück und bemüht sich von dort aus um eine Stelle. Was hat er nicht alles versucht! Anwalt und Jurist in Glückstadt will er freilich nicht werden, es sei denn, der Hunger nötige ihn dazu (Br I, 23). Von einer Stelle als Auditeur (d. h. Vernehmungsrichter) in Caroc raten ihm seine Eltern ab (Br I, 24). Ihn lockt eine Stelle als Sekretär (Br I, 27): „(I)ich dachte, wenn etwa ein Herr, der ein Liebhaber von dergleichen Sachen wäre, einen Secretarium nötig hätte, oder – ich wusste nicht, was ich dachte; kurz, Sie sollten es nur wissen, dass ich auch das Kameral studiert habe." Sekretär oder Hauslehrer bei einer adligen Familie will er werden wie damals viele junge Akademiker (Br I, 29f): „Stirbt in Kopenhagen nicht ein Sekretär oder braucht nicht ein junger Herr einen Hofmeister, mit ihm auf die Universität zu gehen?"

Und immer weiter geht die leidige Berufssuche! Was hat er nicht alles gesucht! Arbeit in Norwegens Bergwerken (Br I, 29), Feldapotheker, Konrektor (Br I, 52) und Lottosekretär (Br I, 81f): „Am Ende nehme ich eine Stelle in Kopenhagen an, aber lieber eine auf dem Lande und denken und sinnen Sie herum, lieber Gerstenberg, haben muss ich bald etwas oder ich tue mir ein Leid an ... und das wäre schade um mich." Leon, hier kannst Du etwas von seiner untergründigen Verzweiflung erkennen, die gleichwohl von schwarzem Humor durchfärbt ist. Ehrlich ist er mit sich selbst (Br I 101f): „Die Zollinspektors, hab ich gehört, sollen faule Bäuche sein, das wäre mir recht." Was immer er wünscht, es soll eine ruhige Stelle auf dem Lande sein und sie soll nicht viel Arbeit machen. Du ahnst es vielleicht schon? Er wird sie nicht finden.

Sein Wunsch nach einer Stelle sollte sich anders erfüllen, nämlich in einer Stadt. Durch seinen Onkel bekommt er in

Kopenhagen eine Stelle als Sekretär beim Grafen von Holstein. Claudius trifft dort 1764 mit Gerstenberg zusammen und holt seinen kürzlich gewonnenen Freund Friedrich Ernst Schönborn – ebenfalls Pastorensohn – auch dorthin. Dort verlebt er ein aufregendes Jahr und lernt die Crème de la Crème kennen. Er wird in die Anhängerschaft des damaligen Dichterstars Friedrich Gottlieb Klopstock aufgenommen (AK 41): „Wer immer ihn hier eingeführt hat (wahrscheinlich Gerstenberg) – Claudius wird Klopstocks Trabant als geschätzter Klavierspieler und Schlittschuhläufer ...“ Peter Berglar charakterisiert dieses Jahr so (PB 21): „Es ist ein rauschhaftes Gewoge von neuem Gottes- und Naturgefühl, Geniekult und Entdeckung des ‚Vaterlandes‘, von Herzensergießung, in Poesie und Musik und Freundschaft, von Ich-Befreiung und Körperbewusstsein; allen voran immer der ‚Messias‘-Dichter (d. i. Klopstock), ob bei Vorlesungen, Spielen, Wanderungen – und selbst verständlich bei dem von ihm in Mode gebrachten Eislauf, dem ‚Schlittschuhlauf‘.“ Besonders mit dem letzten macht sich Claudius einen Namen. Berühmt wird er in Kopenhagen auch wegen seines herausragenden Klavierspiels, mit dem er, wie ich Dir schon schrieb, auch Goethe in Weimar begeistert. Um es noch einmal zu sagen: Die Musik gehört zu den Leidenschaften seines Lebens. Er wäre sogar beinahe Organist in Lübeck geworden (Br I, 115f): „Wir haben hier itzo Musikalien, die nicht von P. E. (Philipp Emanuel) Bach sind, aber das Herz sollte Ihnen hüpfen, wenn ich das Vergnügen haben könnte, sie Ihnen vorzuklimpern, ich wäre beinahe Organist in Lübeck geworden ...“

Seine Zeit in Kopenhagen geht jedoch schon nach einem Jahr zu Ende. Äußerlich durch die Versetzung des Grafen Holstein nach Tondern arbeitslos geworden, entflieht er der Großstadt Kopenhagen und sucht wieder in Reinfeld bei seinen Eltern Unterschlupf. Ganz anders verläuft das Leben seines Freundes Schönborn, der – im Gegensatz zu ihm – am Kopenhagener Hof Karriere macht (PB 18).

Drei Jahre wird er nun ohne Beruf zu Hause bleiben, die in ihrer Ereignislosigkeit wie ein weißer Fleck in seinem Lebenslauf wirken. Davon zeugt ein Brief an Schönborn (Br I, 38f; 9. Februar 1767):

„(I)ich bin Ihres Briefes halben hochlich verbunden, ich kann keinen zusammenbringen, der so mit Nachrichtenallerlei gezieret wäre. Der pflügt, der drischt, der lässts sein, der ist krank, der traurig, der liegt, der fällt in den Schnee, der stirbt, der brennt ab – das würden meine Neuigkeiten sein. Der brennt ab, vor einigen Tagen noch fraß das Feuer einem guten fleißigen Bauern, dessen Reichtum in 8 Pferde, 6 Kühe und sein Haus mit wenig Hausrat!, ich schreibe dies so umständlich, wenn Sie vielleicht jemand kennen, der dem Feuer zum Trotz einem solchem mit Gewalt ein Pferd aufdringen wollte. –"

Seine Schilderung alltäglicher Ereignisse in spartanischer Kürze ist für mich ein echtes Meisterwerk. So etwas in dieser Dichte aufzuzählen, um darin scheinbar emotionslos das Drama eines existenzzerstörenden Brandes mit der humorigen Bitte um Hilfe einzubetten, zeigt etwas von seiner schriftstellerischen Begabung.

Neben seinen anfänglichen Berufsnöten bleiben ihm Geldnöte treu – allerdings ein Leben lang –, auch wenn er weder verarmt noch verelendet. Verzweifelt bittet er Gerstenberg um Übersetzungsaufträge (Br I, 44f; 18. Jul. 1768), „denn sonst komm ich ganz positiv Schulden halber nach Newgate (d. h. die berüchtigtste Haftanstalt Londons)". Mal fehlt ihm das Geld für das Porto und er versendet seine Post unfrankiert (Br I, 51), mal erträgt er seine Geldnöte mit Galgenhumor (Br I, 60): „Die ökonomischen Angelegenheiten ziehen wie der Körper die Kräfte des Philosophen zur Erde und versengen die Fittiche seines Genies. Ha, ha, ha." Mal äußert er sich – wieder mit schwarzem Humor – euphorisch (Br I, 87): „Ich lebe sehr vergnügt und glücklich und, wenn ich jährlich einhundert Taler mehr hätte, würde ich mich nach nichts umsehen. So ist freilich angusta res domi (d. h die Knappheit in Sachen des Hauses), aber das schärft das Ingenium (d. h. das Genie)." Exemplarisch mag für alle Nöte ein Bettelbrief stehen (Br I, 69f):

„Schönborn, ich bin in rechter Verlegenheit – ich bin wie Ihr wisst, Michaelis abgegangen (als Redakteur von den *Adreß-Comptoir-Nachrichten*) und bin itzt (d. h. jetzt) nichts und habe itzt nichts und dazu war ich an verschiedenen Kleinigkeiten mehr schuldig als ich selbst wusste und vermutete, mein Vater hat schon seinen väterlichen Segen gesprochen, aber er war zu kurz und vor mir siehts ebenso wüst aus als hinter mir. Es ist auch wohl nicht möglich, dass Ihr mir mit etwas helfen könnt –"

Seine Geldnöte lindern sich im Laufe der Jahre durch Pensionen adliger Mäzene, u. a. durch seinen Posten als Revisor der *Königlichen Speziesbank in Altona* mit 800 Talern Jahresgehalt (AK 216). Dennoch sieht er sich der Ausbildung der Kinder wegen gezwungen, Schimmelmanns Hilfe um eine weitere Verbesserung seines Gehalts beim dänischen Kronprinzen zu ersuchen (Br I, 389, 20. Xbr. 1803): „Diese Verbesserung darf aber, wenn mir soll geholfen werden, nicht unter 300 rtlr. sein." Eine kleine Menschlichkeit muss ich Dir, Leon, noch am Rande berichten. Er spielt gern Lotto, um seine Finanznöte aufzubessern (Br I, 216f): „(A)à propos besetzten Sie doch ein Mannheimer Lotto: 11. 18. 22. 49 Terne 6 * Quaterne 24*, ob etwa Reisegeld vom Himmel fallen wollte, und schicken mir nb. das Originalbillet, so bald Sie können. Die 48* gebe ich Ihnen in Darmstadt oder in Heidelberg wieder." Auch hier schimmert ein Quäntchen Humor durch, wenn er darauf spekuliert, dass auf diese Weise sein Reisegeld vom Himmel fallen könne.

Doch wenn Du nun denkst, dass er sich durch einen fehlenden „Brotberuf" oder seine Geldsorgen hätte niederdrücken lassen oder gar depressiv geworden wäre, hättest Du Dich in ihm getäuscht. Ein Lied – eines meiner Lieblingslieder übrigens – kündet vom Gegenteil (TÄGLICH ZU SINGEN; 149f):

„Ich danke Gott, und freue mich
Wie's Kind zur Weihnachtsgabe,
Dass ich bin, bin! Und dass ich dich,
Schön menschlich Antlitz! habe;

Dass ich die Sonne, Berg und Meer,
Und Laub und Gras kann sehen,
Und abends unterm Sternenheer
Und lieben Monde gehen,

Und dass mir denn zumute ist,
Als wenn wir Kinder kamen,
Und sahen, was der heil'ge Christ
Bescheret hatte, Amen!

Ich danke Gott mit Saitenspiel,
Dass ich kein König worden;
Ich wär geschmeichelt worden viel,
Und wär' vielleicht verdorben.

Auch bet' ich ihn von Herzen an,
Dass ich auf dieser Erde
Nicht bin ein großer reicher Mann,
Und auch wohl keiner werde.

Denn Ehr' und Reichtum treibt und bläht,
Hat mancherlei Gefahren,
Und vielen hat's das Herz verdreht,
Die weiland wacker waren.

Und all das Geld und all das Gut
Gewährt zwar viele Sachen;
Gesundheit, Schlaf und guten Mut
Kann's aber doch nicht machen.

Und die sind doch, bei Ja und Nein!
Ein rechter Lohn und Segen!
Drum will ich mich nicht groß kastei'n
Des vielen Geldes wegen.

Gott gebe mir nur jeden Tag,
Soviel ich darf zum Leben.
Er gibt's dem Sperling auf dem Dach;
Wie sollt er's mir nicht geben!

Die Freude am Dasein, die Lust an der Schöpfung, das Vertrauen auf Gott, der ihn mit dem Lebensnotwendigen schon versorgen wird, sie lassen den Boten ein Loblied auf Armut und Bedürfnislosigkeit singen. Denn was ihm darin an Lebensfreude geschenkt wird, kann keine Macht der Welt erzwingen und kein Geld der Welt erkaufen. Es hätte also keinen Zweck, seiner Geldnöte wegen in Mitleid auszubrechen. Mehr noch: Trotz seiner bescheidenen Verhältnisse ist er ein großzügiger Mann. Seinen Zeitgenossen gibt er damit oft genug Rätsel auf (AK 219): „Claudius' nonchalanter Umgang mit Geld, seine an Verschwendung grenzende Freigebigkeit, erstaunte schon seine Freunde. So leicht wie das Annehmen scheint ihm das Weitergeben gefallen zu sein. Wo immer er konnte, teilte er mit anderen." Im Verhältnis zur Arbeit und zum Geld scheint er von einem anderen Stern zu kommen.

Ist Matthias Claudius also ein Lebenskünstler? Oder hat er immer nur Pech gehabt und deswegen einen vernünftigen Brotberuf nicht gefunden? Sind seine Schwierigkeiten gar selbstgemacht oder fremdverschuldet? Ich bin gespannt, was Du dazu sagst und verbleibe für heute,

Dein Elias

12. Brief

Faulheit oder Tugend, das ist hier die Frage

Lieber Leon,

mich hat Dein scharfes, klares Urteil über Matthias Claudius doch ziemlich getroffen. Dir schiene der Bote schlicht und ergreifend – Du müsstest mir das einmal so deutlich schreiben – ein rechter Faulenzer gewesen zu sein. Das würde für Dich zweierlei erklären. Erstens, warum er ständig eine stille, ruhige Stelle auf dem Land gesucht und nicht gefunden habe. Und dann hättest Du Dich einmal an seinem Lebenslauf orientiert. Seine Arbeitsverhältnisse seien immer nur von kurzer Dauer gewesen.

Du verstehst, dass ich den Schandfleck „Faulheit" nicht auf meinem verehrten Dichter sitzen lassen möchte, wenngleich Du nicht der Erste bist, der sie bei ihm beklagt. Also bin ich dem nachgegangen und habe Einiges gefunden, das für seine Faulheit spricht (AK 140): „,Er muss Freiheit, Ruhe und defensiven Unterhalt haben und die Arbeit von Ihm, Er aber nicht von der Arbeit abhangen', hatte (Friedrich Karl Freiherr von) Moser (der höchste seiner Darmstädter Vorgesetzten) anfangs noch großmütig erklärt. Er schätzt Claudius als ,Diogenem (d. i. der Philosoph, der in einer Tonne wohnt und sein Leben mit Nichtstun verbringt) und Schelmen unsers Jahrhunderts mit dem Ton eines Zeugen der Wahrheit von ganz originaler Composition.'" Diese humorige Beurteilung des Boten zu seinem Beruf wurde ihm bald als Faulheit ausgelegt, wie sein Vorgesetzter Johann Heinrich Merck schreibt (AK 146): „Er, dessen Nacken sich nicht gern für irgend jemand beugte, beugte sich auch also noch weniger vor der Würde seines Chefs und ward daher von ihm bald bei dem Praesidenten als ein untauglicher Faulenzer angeschwärzt.' Bei seinen Freunden machte das schon bald die Runde – zwei Monate nach Claudius' Dienstantritt erfuhr Hamann durch Herder von den Klagen über Claudius' ,ganze Erbsünde, Läßigkeit und Faulheit'". Übrigens, der kritische Johann Georg Hamann, dessen Existenz in so vielem der unseres Boten gleicht, hatte einen der von Claudius so ersehnten Berufe als Packhofverwalter bekommen. Viel Freude hat er daran allerdings nicht gehabt![22]

Mit Claudius' Darmstädter Stelle ist es bald aus (AK 154): „Ende Februar 1777 erhält Claudius ein Schreiben Mosers (des Präsidenten), das ihm Arbeitsunlust, mangelndes Interesse an der Landkommission und verleumderisches Ausplaudern von Interna vorwirft und ihn vor die Alternative Abgang oder Unterwerfung stellt." Moser schreibt über Claudius (AK 157):

„Der Mann, dessen ,herzliche und populäre Schreibart' ihn für die Darmstädter Aufgabe, ,wo so wenig auf Befehl, so viel auf Überzeugung ankommt', empfohlen habe, ,mochte Nichts tun, als Vögel singen hören, Clavier spielen und spazieren gehen, konnte die hiesige Luft nicht vertragen, fiel in eine tödliche Krankheit und ging von selbst zu seinen Seekrebsen zurück'".

Leon, untermauert das nicht Deine Vermutung, er sei ein Faulpelz gewesen? Gerstenberg gegenüber gesteht Claudius seine Faulheit (Br I, 62) „und bin danebst sehr faul ..." In der Literatur heißt es (Ak 73): „Faulheit, nicht erst für die Biographen des 19. Jahrhunderts ein unverzeihlicher Makel, ist Claudius immer wieder nachgesagt worden." Auch beim *Adreßcomtoir* könnte sie dahinterstecken (Br I, 66). Verlor Claudius seine Stellen, weil er zu faul war? Selbst bei der Kündigung als Redakteur des *Wandsbeker Boten* könnten Unzuverlässigkeit und Faulheit eine Rolle gespielt haben (AK 135). Als Claudius, endlich aller Chefs und übergeordneten Vorgesetzen frei, in Wandsbek seine *Sämtlichen Werke* herauszugeben beginnt, fragt Annelen Kranefuss (AK 161): „,Ist seine Liebe zur Unabhängigkeit Eigensinn, Faulheit oder Unvermögenheit?'"

Leon, aus all' dem ließe sich Deine Vermutung untermauern: Er war faul! Da regt sich in mir Widerspruchsgeist! Wenn er aber nicht faul gewesen ist, was war er dann? Ich bin der Überzeugung, dass Faulheit seine Lebenseinstellung nicht trifft! Denn dass er arbeiten kann, davon legt ein Brief an seine Frau Rebecca Zeugnis ab (Br II, 52): „Wir sind recht fleißig und ich hoffe, dass bis Sonnabend ein gut Stück abgetan sein soll, sind aber auch täglich zehn Stunden, macht in 5 ½ Tagen 55 Stunden, die wir sonst in c(a). drei Wochen hatten."

Wofür riskiert er seinen guten Ruf? Offensichtlich weiß er, dass es neben mühseliger Arbeit eine andere Quelle des geistigen Reichtums und der Inspiration gibt. Sie sprudelt nur für den, der den Müßiggang zu pflegen weiß. Leon, wie Du merkst, habe ich mit Müßiggang ein anderes Wort für Faulheit gefunden und will Dir ein noch vornehmeres nennen, um dem Ruf der Faulheit entgegenzutreten: Er kennt und übt die Tugend der Muße! Kennst Du Joseph Piper, der diese alte, griechische Tugend im 20. Jahrhundert wiederentdeckt?

Wie findest Du meine These? Claudius liebt die Freiheit und den Müßiggang so sehr, dass er nach außen zwar faul wirkt, aber ohne es doch im Sinne eines Lasters zu sein! Mit vielen Grüßen und der Hoffnung, dass Du meiner Sicht etwas abgewinnen kannst, verbleibe ich

Dein Elias

13. Brief

Wie Matthias die Muße angesichts der Industrialisierung pflegt

Lieber Leon,

ich hätte nicht gedacht, dass Dich Joseph Pipers *Muße und Kult* so inspiriert, und freue mich über Deine positive Aufnahme meiner Deutung.[23] Wie aufregend, dass Piper sich gegen die übergroße Hochschätzung der Arbeit wehrt und ein Loblied auf die Muße singt, und das schon 1948, in meinem Geburtsjahr! Dennoch: Mit und ohne Piper und all meinen Bemühungen zum Trotz – so ganz hätte ich Deine Einschätzung der Faulheit nicht aus dem Weg räumen können!

Leon, nimm' mir doch nicht meinen so liebgewordenen Entlastungsversuch! Wie viel angenehmer klingt Muße als Faulheit! Ist doch diese ein Laster und jene eine Tugend! Mit seiner Tugend der Muße scheint der Bote allerdings nicht in den ungeheuren Umbruch hineinzupassen, der zu seinen Zeiten Europa erschütterte. Aufklärung, Französische Revolution, Siegeszug der Naturwissenschaften und beginnende Industrialisierung sorgen für eine Aufbruchsstimmung, an der er nicht teilhaben will.

Habe ich Dir schon von meiner Entdeckung erzählt? Selbst im idyllischen Dorf Wandsbek breitet sich die Industrie aus und brandet so in das Leben des Dichters hinein. Seine Gedichte lassen nichts davon ahnen, weil sie die weitgehend unberührte Natur besingen. Seine Frau Rebecca schreibt an Ernestine Voß, die Frau eines seiner Freunde (Br I, 244; 13. Nov. 1778): „Hier in Wands.(bek) gehen itzt große Veränderungen vor. Es wird eine große Tuchfabrik angelegt und nun sieht man nichts als lauter katholische Fremdlinge, Kerls mit langen blauen Kitteln und Weiber und Kinder mit gelbe und grüne Strümpfe, die sind alle aus Aachen gekommen, der Hr. (d. h. Herr) davon ist ein sehr reicher Mann und wohnt im Jägerhause, er soll eine sehr schöne Frau haben, das ganze Publikum ist begierig, sie zu sehen." Auch Annelen Kranefuss weist auf die Industrialisierung Wandsbeks hin (AK 77): „Die Wandsbeker Kattun- und Ledermanufakturen und Mühlen waren Investitionsobjekte, von denen auch die Dorfbewohner profitieren sollten. Im Lauf der Jahre wächst die Industrie, sodass Claudius später einmal beklagen wird, dass der kleine Bach des Ortes ganz mit Fabriken und Mühlen überbaut worden und kaum noch zu sehen sei."

Von wegen romantische Dorfidylle mit Mond, Raureif und verspieltem Garten! So malt uns der Dichter doch seine Wandsbeker Idylle vor Augen. Das ist nur die eine Seite! Im gleichen Ort breitet sich Industrie aus und mit ihr die Arbeiterschaft! Das ist die andere Seite, von der er bis auf zwei Bemerkungen in seinen Briefen schweigt (Br II, 191 und Br II, 308). Leon, also nicht nur Wandsbeker Naturromantik! Auch wenn Claudius Nachtigallen besingt, den Mond bewundert und den Nebel aus den Wiesen steigen sieht, auch wenn er von seinem Garten und seiner Kuh schwärmt, so ist Wandsbek schon von der Industrialisierung mit all' ihren Folgen erfasst. Dennoch schreibt er nur von der noch heilen Natur- und Bauernwelt.

Warum tut er das? Ich habe nur eine Antwort gefunden. Er will im Umbruch zu einer von der Arbeit bestimmten Gesellschaft die Muße retten! So will er das „gute Alte" bewahren und hat wenig Sinn für das Neue, in das es aufzubrechen gilt. Deshalb pflegt er den Müßiggang gegen den Arbeitsfleiß; deshalb verteidigt er das Königtum gegen die Revolution; deshalb hält er an der Religion fest, die der Rationalismus so schnell in Frage stellt; deshalb liebt er die Natur, statt sich in die wuchernde Stadt- und Industriekultur zu begeben.

Ich habe in seinen *Sämtlichen Werken* gestöbert und eine bemerkenswerte Stelle gefunden, in der er selbst seine Auffassung zu erkennen gibt. Es geht um die Manufakturarbeit (d. h. Fabrikarbeit) und das Wesen des klösterlichen Lebens. Ich zitiere Dir einen Abschnitt aus *Paul Erdmanns Fest* (202):

„HR. V. SAALBADER: ‚Was sollen denn aber die dicken Bäuche (sc. der Mönche)?'
ASMUS: ‚Die sollen arbeiten, Herr v. Saalbader. Wir reden hier aber von wahren Klosterleuten.'
HR. V. SAALBADER: ‚Auch die könnten bei Manufakturen gebraucht werden.'
ASMUS: ‚Das könnten sie freilich. Aber unser Leben hier ist ja doch kein bloßes Manufakturwesen, und das Ende der Welt keine Frankfurter Messe.'
HR. V. SAALBADER: ‚Was wollen denn aber die Klosterleute eigentlich?'
ASMUS: ‚Das werden sie vermutlich wissen, und ihre Stifter werden es gewußt haben.'
HR. V. SAALBADER: ‚Die waren ja alle die größten Narren von der Welt.'
ASMUS: ‚Alle, meinen Sie, Herr v. Saalbader? Wer wollte so hart sein. Es möchten doch einige Ordensstifter gewesen sein, die keine Narren waren.'
HR. V. SAALBADER: ‚Ja, was wollten denn die Narren? was suchen sie?'
ASMUS: ‚Ich habe Ihnen schon gesagt: Ruhe und Glück für sich.'"

Claudius, ein Protestant, verteidigt die Klosterleute mit ihrem weitgehend arbeitsfreien Leben, denn Ruhe und Glück sind ihnen höchste Werte, die nur in der Muße, in der Freiheit vom harten Arbeitsleben erfahren werden. Das sagt er hier frank und frei im Widerspruch zu einem unangenehm auftretenden Adligen heraus. Ruhe und Glück lassen sich nur auf dem Weg der Muße finden! Leon, das wäre doch eine kühne Deutung: Nicht Faulheit, sondern Protest gegen eine arbeitswütige Gesellschaft bestimmt das Leben des Boten.

Heute auf dem Höhepunkt der Wohlstandsgesellschaft fragen wir nach der Lebensqualität und kommen wieder dahin, wo der

Bote aus Wandsbek schon damals ist. Heute fragen wir wieder nach der Lebenskunst, die ein Matthias geübt hat. Seit mehreren Jahrzehnten ist die Lebenskunst ein heißes Thema der Philosophie. Einer der ersten ist Michel Foucault in *Die Sorge um sich – Sexualität und Wahrheit 3*.

> „Dieses nun durch Sokrates geheiligte Thema der Sorge um sich hat die spätere Philosophie wieder aufgegriffen und schließlich ins Zentrum jener ‚Kunst der Existenz' versetzt, welche sie zu sein behauptet ... In der langen Entwicklung der Lebenskunst im Zeichen der Sorge um sich können die beiden ersten Jahrhunderte der Kaiserzeit als Scheitelpunkt einer Kurve angesehen werden: eine Art Goldenes Zeitalter in der Kultur seiner selber ..."[24]

Pierre Hadot stößt bei der Untersuchung antiker Philosophenschulen unabhängig von Foucault auf dasselbe Thema.[25] Wilhelm Schmidt hat mit seinem Buch *Philosophie als Lebenskunst: eine Grundlegung* die Lebenskunst wieder im deutschen Raum populär gemacht.[26] Was wir gegenwärtig wiederentdecken, ist also schon lange Markenzeichen des Boten.

Leon, viele Anfragen lösen sich für mich in Luft auf, wenn ich den Boten aus dieser Perspektive betrachte. Seine Musikliebe, seine wunderbaren Naturbetrachtungen, sein inniges Familienleben, sie alle zeugen von seinem Leben in Muße. An seiner Liebe zu Festen will ich Dir das beispielhaft verdeutlichen. Ich gebe Dir Auszüge von zwei anfangs von mir belächelten Festen wieder, die Claudius neu erfindet. Wieder einmal werde ich ausführlicher, damit Du siehst, wie er seine *Sämtlichen Werke* auch mit verschrobenen Einfällen – seinen „Schnurrpfeiereien" – füllt (Br I, 111; 220f):

> „Hab eine neue Erfindung gemacht, Andres, und soll Dir hier so warm mitgeteilt werden. Du weißt, dass in jeder gut eingerichteten Haushaltung kein Festtag ungefeiert gelassen wird ... So haben wir beide ... schon verschiedene andre Festtage an unsern Höfen eingeführt, als das *Knospenfest*, den *Wid-*

derschein, den *Maimorgen*, den *Grünzüngel* wenn die ersten jungen Erbsen und Bohnen gepflückt und zu Tisch gebracht werden sollen ... Gestern aber, wie das mit den Erfindungen ist: man findet sie nicht sondern sie finden uns, gestern als ich im Garten gehe und an nichts weniger denke, schießen mir mit einmal zwei neue Festtage aufs Herz, der *Herbstling* und der *Eiszäpfel*, beide gar erfreulich und nützlich zu feiern. Der *Herbstling* ist nur kurz, und wird mit Bratäpfeln gefeiert. Nämlich: wenn im Herbst der erste Schnee fällt, und darauf muss genau achtgegeben werden, nimmt man so viel Äpfel als Kinder und Personen im Hause sind und noch einige darüber, damit wenn etwa ein Dritter dazukäme keiner an seiner quota gekürzt werde, tut sie in den Ofen, wartet bis sie gebraten sind, und isst sie denn. ... Der *Eiszäpfel* will nun wieder ganz anders traktiert sein, und hat seine ganz besondre Nücken. Mancher denkt wohl: wenn er Eiszapfen am Dach sieht, könne er nur gleich anfangen zu feiern; aber weit gefehlt, es wird mehr dazu erfordert. Der *Eiszäpfel* kann durchaus ohne einen Schnee-mann nicht gefeiert werden, und dazu muss erst Schnee sein und Tauwetter kommen, dass der Schneemann gemacht wer-den kann, und wenn er gemacht ist und vor dem Fenster steht, muss es wieder frieren, dass Eiszapfen am Dach werden, einer halben Elle lang und nicht länger und nicht kürzer usw. Das sind die Präliminararartikel (d. h. notwendig Voraussetzungen) und die conditio sine qua non (d. h. die Bedingung, ohne die es nicht geht). Was sagst du nun? ..."

Du spürst doch wohl auch, wie hier die Muße seinen Erfindungs-reichtum hervorbringt und die Fabulierfreude mit ihm durch-geht. Er krönt das Feiern mit einem außerordentlichen Fest mit so ausgefallenen Bedingungen, dass es vermutlich niemals gefei-ert werden wird. Ich kann mir gut vorstellen, wie Matthias als begeisterter Familienvater seinen Kindern von diesen Festen er-zählt und sie ihm mit glänzenden Augen zuhören.

Muße, Lebenskunst und Humor – sie machen den Boten aus.

Dein Elias

„.. und denn die alten Kinder auf die Erde gelegt und in Gottes
Namen oben darüber weg und über Tisch und Bänke."
(Asmus, 3. Teil. Antwort an Andres.)

Stich von Daniel Chodowiecki

Daniel Nikolaus Chodowiecki (1726 – 1801)

14. Brief

Wie aus einem Redakteur der Wandsbeker Bote wird

Lieber Leon,
zu den Festen habe ich Dir noch eine Stelle bei einem meiner Lieblingsphilosophen – Odo Marquard – herausgesucht:

> „Sein Leben leben: das ist beim Menschen sein Alltag. Auf Distanz gehen zu seinem Leben: das ist beim Menschen das Fest. Man könnte sagen: Tiere haben nur den Alltag; sie leben. Gott hat nur den Sonntag; er schaut. Die Menschen aber haben beides: Sie leben und distanzieren sich vom Leben, sie arbeiten und feiern; sie haben den Alltag und das Fest." [27]

Claudius lebt den Protest gegen den Sieg des Alltags über den Sonntag. Und deswegen führt er so ein scheinbar „nutzloses" Festleben, das im Feiern Distanz zur Alltäglichkeit der Sorgen und Nöte nimmt. Feste, Muße und Müßiggang: Der faule Bote ist ein Lebenskünstler! So hat er – vielleicht mehr unbewusst als bewusst – gegen den ungeheuren Wandel in der Arbeitskultur protestiert! Die Verherrlichung der Arbeit beginnt mit dem Aufbruch in die Moderne! Das ist mir in der Auseinandersetzung mit Hannah Arendts Buch *Vita activa oder vom tätigen Leben* aufgegangen:

> „Augenschein ist, dass wir es auf keinem anderen Gebiet in der Neuzeit so weit gebracht haben wie in der revolutionären Umwandlung der Arbeit, nämlich bis zu dem Punkt, wo die Bedeutung des Wortes selbst, das seit eh und je ‚Mühe und

Plage', Anstrengung und Schmerz, ja eine Verunstaltung des Körpers einschloss und zu der ein Mensch sich nur unter dem Druck der Armut und des Elends bereitfinden konnte – für uns seinen Sinn verloren hat." [28]

Die Umwandlung der Arbeit von einer versklavenden Mühe in die stolze Selbstverwirklichung erklärt in meinen Augen gut den Hintergrund, vor dem der Müßiggang des Boten zu einem gelebten Protest gegen seine Zeit wird.

Dazu gehört auch Claudius' Stadtscheu – bei seiner gleichzeitigen Angewiesenheit auf die Stadt. Hat ihm nicht die Universitätsstadt Jena seinen ersten Freund und Schriftsteller von Gerstenberg beschert? Und hat er nicht in Kopenhagen Klopstock kennengelernt, dessen Verehrer und Anhänger er geworden sei? Hat er dort nicht auch seinen „Grafiker" Johann Martin Preisler kennengelernt? Und hat er später in Hamburg nicht Johann Gottfried Herder getroffen? Sind daraus nicht eine lebenslange Freundschaft und überdies der Kontakt zu Johann Georg Hamann entstanden? Dort hat er auch andere Berühmtheiten wie Gotthold Ephraim Lessing und Carl Philipp Emanuel Bach kennengelernt. Dazu kommt noch sein einjähriger, ungeliebter Aufenthalt in Darmstadt, auf den ich später eingehen werde.

Was also wäre Matthias Claudius – so frage ich Dich – ohne diese Städte gewesen und geworden? Wieso flieht er die Städte, in denen er doch seine besten Kontakte findet? Könnte seine Stadtflucht damit zusammenhängen, dass Stadtleben und Muße einfach nicht zusammenpassen? In Städten schlägt das Leben einen schnelleren Takt! Deswegen sehnt er sich so nach dem beschaulichen Landleben!

Ich bin daher seinem eigenen Verhältnis zur Stadt noch weiter nachgegangen. Kaum ein Wort widmet er „seinen" Städten, nur ein paar magere Bemerkungen zu Hamburg (Br I, 144 und Br II, 247). Leon, Du findest ansonsten über diese Stadt bei ihm weder Lob noch Tadel. Und das, obwohl er zwei Jahre in Hamburg wohnt, obwohl er später mehrmals wöchentlich des *Wandsbeker Boten* wegen nach Hamburg wandert und obwohl er als erster Revisor der *Königlichen Speziesbank in Altona* oft Tage, ja Wochen in Altona zubringt. Offensichtlich bieten ihm Städte nicht die Muße, nach der sein dichterisches Talent verlangt, obwohl sie ihm verschaffen, was er als Schriftsteller doch auch braucht: ein Netzwerk, Arbeit, Leser, Freunde und Kultur! Eines jedoch haben sie wenig: Ruhe und Natur! Und das sind die Quellen für das Glück, aus dem er seine Inspirationen schöpft.

Genug! Wie findet der „arbeitslose" und „arbeitsscheue" Claudius zu seinem Beruf als Wandsbeker Bote? Durch ein glückliches Zusammentreffen von Zufällen und Entscheidungen! Er zieht Ende 1770 nach Wandsbek, das zu seiner „letzten und endgültigen Lebensstation" wird (PB 32): „Alles gefällt ihm hier: die gestellte Aufgabe, die anmutige Landschaft, das idyllische Dörfchen, und alles findet er hier, ein Haus, einen Garten, und das beste und wichtigste, eine Frau ..." Dieses Dorf vor den Toren Hamburgs wird nicht nur sein Wohnort und Standort, sondern mit seinem Namen auch zum prägenden Begriff für ihn und sein Lebenswerk. Um die hundert Häuser mit großen Gärten seien dort, eine Kirche und ein Schloss, sowie das berühmte Wandsbeker Holz als Park. Das alles gehöre Heinrich Karl Graf von Schimmelmann, dem Matthias Claudius viel verdankt, angefangen von seiner Einstellung beim *Wandsbeker Boten*, über eine Wiese mit Kuh – ein Geschenk von Frau Schimmelmann (AK 217) – bis hin zur finanziellen Unterstützung und der Fürsprache beim dänischen Kronprinzen.

Dieser Schimmelmann hat dem anrüchigen Skandalblättchen *Wandsbeckischer Merkur* ein Ende gesetzt, der viel über die Skandale der Hamburger Gesellschaft schrieb. Unter Ausnutzung des Wandsbeker Zeitungsprivilegs hob er den „*Wandsbecker Bothen*" aus der Taufe (PB 31f). Matthias wurzelt sich dort örtlich, beruflich und geistig als Wandsbeker Bote ein.

Viermal pro Woche erscheint die Zeitung – in Hamburg verlegt und gedruckt unter Joachim Christoph Bode (AK 78) – auf vier Quartseiten (d. h. in etwa Din A4 Format) in einer Auflage von 400 Exemplaren. Nach Peter Berglar entwickelt sich das Blatt in den wenigen Jahren seiner Existenz zu einem der angesehensten Journale im 18. Jahrhundert und versammelt unter seinen Mitwirkenden die „erlauchtesten Namen" seiner Zeit (PB 35):

„Lessing, Klopstock, Gerstenberg, Herder, Schönborn, Boje und die Bundesbrüder des Göttinger Hains, Voß, Miller, Hölty, dann auch Gleim und Goethe ..."

Hier nun ein Zeugnis seiner Aufbruchsaktivitäten: Er schreibt an Gerstenberg und Schönborn um Rat und bittet um Beiträge (Br I, 69 und Br I, 72). Stellvertretend dafür gebe ich Dir einiges aus einem Brief an Herder wieder (Br I, 71):

„Bode legt zu Neujahr 1771 eine Zeitung in Wandsbeck an und ich werde sie schreiben helfen. Sie soll wie die meisten Zeitungen einen politischen und einen gelehrten Artikel haben. Ich habe hin und her gedacht, wie man den letzten neu und etwas eigenes habend einrichten könnte ... – ein naiver launiger Ton in den Rezensions wäre freilich ganz gut, aber kein Mensch kann ja nicht alle Rezensions machen, und wer darf anderer Leute Arbeit ändern? und so ferner, kurz es schwebt mir manchmal so etwas vor Augen, aber ich kanns nicht recht gewahr werden. – Helfen Sie mir den Wechselbalg zur Welt bringen oder schwängern Sie mich, wenn alles bei mir vielleicht nur Geschwulst und aufgedunsenes Wesen sein sollte. Ich habe schon diesen und jenen um Rat gefragt und ich bitte Sie recht sehr um Ihre Projekte, wie ich denn noch allerlei zu bitten habe, wie folget."

Hier erfährst Du etwas von seinem Ringen, der Zeitung sein persönliches Gepräge zu geben. Das will ich Dir am von Preißler entworfenen Titelblatt erläutern. Du siehst links oben eine Eule, ein Symbol für die Weisheit. Rechts daneben sitzt ein Jüngling mit einer Flöte oder einem Dudelsack, der für die Musen und die Poesie stehen könnte:

Titelbild der Zeitung Wandsbecker Bothe

Unten über der Jahreszahl findest Du vier Frösche. In einem Brief an Schönborn schreibt Claudius dazu (Br I, 73): „Hört also: Auf einer jedweden Zeitung muß vorn ein Titel und ein Zierat sein und daß von rechtswegen. Ich wäre nun wohl für eine Hieroglyphe zum Exempel für einen Frosch mit Unterschrift ‚Der Frosch coax (vom Lateinischen: quaken) schreit bei Tag und Nacht‘ und so etwas, aber das hat viele Schwierigkeiten, und Bode will nur den Titel in einem gut gezeichnetem Karton haben und nicht weiter. Den Titel haben wir, nämlich: Wandsbecker Bothe Nr. 1 Anno 1771“. Ich frage Dich, Leon: Will der Bote dem unaufhörlichen Gequake der Klugredner und -schreiber die Weisheit der Eule und die Muse des Jünglings entgegenstellen?

Mit der ersten Nummer (1/1771) ist sich Matthias Claudius über die Art seiner Tätigkeit im *Wandsbeker Boten* klargeworden und beschreibt mit einem Gedicht sein Programm (779f):

„Ich bin ein Bote und nichts mehr,
Was man mir gibt, das bring' ich her,
Gelehrte und polit'sche Mär; ...
Vom roten Gold, vom Sternenheer,
Von Unschuld, Tugend, die noch mehr
Als Gold und Sterne sind —
(Virgil lässt auch oft Verse leer)
Von dem verschwiegnen Freimäurer ...
Und tausend solche Sachen mehr
Die sich begeben ohngefähr
Und alle anzuführen schwer:
Aus allen Enden fern und nah, ...
Die nackte Wahrheit lieb ich sehr,
Doch gibt man mir noch etwas mehr,
Wenn's nur noch eine Sage wär,
Und wenn's ein Spott zur Bessrung wär,
Und wenn's ein sanftes Liedchen wär,
Und wenn es sonst so etwas wär,
Je nun – da bring ich's auch mit her,
Dafür bezahlet mich mein Herr.
Als ich von Hause ging, sprach er:
Geh hin! und saget die und der,
Seht doch! wo kommt der Bote her?
So wünsche höflich dem und der
Ein fröhlich Neujahr und noch mehr
Und sprich, ich komm von Wandsbeck her."

Drei Anmerkungen will ich dazu machen: „Was man mir gibt,
das bring' ich her". Für mich ist das typisch Claudius. Worüber er
schreibt, das wird ihm gegeben und ist Ausdruck seiner empfan-
genden, religiösen Grundhaltung.

Sodann der Gedankenstrich. Er liebt ihn über alles. Er fügt
ihn ein, wo die Sprache darbt. Aber er setzt ihn auch dort, wo
der Leser im Geist etwas ergänzen kann. Dazu beruft er sich auf
Vergil (45; VON MEINEM FREUND VIRGILIUS): „Er hat, außer manchen andern Gaben, auch sonderlich eine gute Gabe die
Gedankenstriche à propos anzubringen; und 'n Gedankenstrich

am rechten Orte hat sein Verdienst. So sagt er z. E. Speluncam devenere eandem – (in dieselbe Höhle kommen) 's soll Dichter geben, die sich in solchen Fällen nicht an dem Strich begnügen können und weitersprechen müssen ..."[29] Leon, in dieser Höhle vereinen sich Aeneas und Dido in Liebe. Der Gedankenstrich ersetzt also die Schilderung eines intimen Moments. Anbei: In den modernen Ausgaben steht dort kein Gedankenstrich mehr. Darüber hinaus fügt er Gedankenstriche überall dort ein, wo seine Leser Ungesagtes oder Unsagbares durch ihre eigenen Gedanken ergänzen sollen.

Und ist der letzte Vers nicht rührend? „Seht doch! wo kommt der Bote her? ... / Und sprich, ich komm von Wandsbeck her." In Wandsbek als Wandsbeker Bote und mit den *Sämtlichen Werken*, mit seiner Ehe mit Rebecca kommt sein Leben zu Stand und Wesen.

Doch darüber demnächst mehr!

Liebe Grüße,
Dein Elias

15. Brief

Von einer neuen Heimat oder der stabilitas loci

Mein lieber Leon,
von Deiner Idee der stabilitas loci (Beständigkeit des Wohnorts) als Motiv für Claudius' Wohnen in Wandsbek bin ich sehr angetan. Ein kühner Gedanke, den ich weiter ausspinne! In der Zeit der Völkerwanderung hat Benedikt von Nursia seinen Mönchen und Nonnen feste Klöster an lebenslangen Wohnsitzen verordnet, damit sie Inseln der Ruhe und Stabilität im wogenden Völkermeer werden. Das ließe sich doch auch – so Deine These – auf die Moderne anwenden. In ihr ist, einem ähnlich wogenden Meer gleich, alles in Fluss geraten. Die Bindung an die aristotelische Philosophie löst sich durch die Subjektphilosophie auf, die Unantastbarkeit der Heiligen Schrift und der kirchlichen Dogmen durch die historische Kritik, die gesellschaftlichen Strukturen durch die Französische Revolution und das beschauliche Leben und Arbeiten durch die neuen Produktionsweisen. Schiffe umsegeln den Globus. Weltreisende bringen ferne Kulturen und Religionen dem Herzen Europas nahe. Die Naturwissenschaften relativieren das mythologische, dreistöckige Weltbild.

Die Erde steht seit Kopernikus nicht mehr in der Mitte. Sternenwelten erstrecken sich ins schier Unendliche. Wenn aber alles in Fluss gerät, woran kann sich jemand noch festhalten? Das gewaltige Rad des Werdens dreht sich bis in diese Stunde schneller und schneller. Auch wir werden durch Veränderungen, Verbesserungen, neue Prozesse vor ständig neue Herausforderungen gestellt. Leon, zu Beginn der Moderne hat der Bote sein Leben in dem kleinen Dorf Wandsbek vor den Toren der Weltstadt Hamburg verankert. Er hat Wandsbek zu seinem Standort gemacht, äußerlich und innerlich. Damit hat er gleichsam den festen Punkt gefunden, mit dem er, frei nach Archimedes, die Welt aus den Angeln heben will.

Stabilitas loci – fester Standort! Was für eine Entdeckung! Deshalb passt nirgends besser als hier Claudius' Loblied auf diesen seinen Wahl-, Berufs- und Lebensort hin. Typisch für ihn widmet er im Kontrast zu seiner Bodenständigkeit das Lied dem Kaiser von Japan und stellt so das kleine Dorf Wandsbek in einen Welthorizont hinein (WANDSBECK, EINE ART VON ROMANZE; 40f):

„Gesetzt du wärst, dich zu erfreun /
Und ob des Leibes Stärke,
In Hamburg (Fleisch und Fisch und Wein /
Sind hier sehr gut, das merke!)

Und hättest Wandsbeck Lust zu sehn, /
Und bist nicht etwa Reiter;
So mußt du aus dem Tore gehn, /
Und so allmählich weiter.

Zu Wagen kannst du freilich auch, /
Das kann dir niemand wehren;
Doch mußt du erst nach altem Brauch /
Des Fuhrmanns Meinung hören;

Und wenn der nichts dagegen hat, /
So hab ich nichts zu sagen.
Reit oder geh, doch in der Tat /
Am besten ist's zu Wagen."

Lang und breit ergeht der Dichter sich in der Schilderung des Weges aus dem kulinarisch so hochstehenden Hamburg nach Wandsbek, sei es zu Fuß, zu Pferde oder mit dem Wagen. Diesen Weg – hin und zurück – hat Claudius lebenslang viele, viele Male zurückgelegt, sei es als Redakteur und Schriftsteller, als Vater, Großvater, Musikliebhaber, Opernfreund, Besucher und als Bankrevisor. Den Besucher führt der Weg in Richtung Wandsbek (40):

„Nur siehe fleißig vor dich hin, /
So wirst du schaun und sehen
Da einen Wald, wo mitten drin /
Lang Turm und Häuser stehen."

Ich erspare Dir seine breiten Assoziationen zum Hungerturm aus dem Drama *Ugulino* seines Freundes Gerstenberg. Darin geht es um das dunkle Schicksal einer Familie, die in einem Turm verhungern muss.

Die Kirche zu Wandsbeck. Nach einer Zeichnung aus dem Jahre 1805

Die Kirche in Wandsbek nach einer Zeichnung
aus dem Jahre 1805

Der Turm, auf den der Bote aufmerksam machen will, ist der Kirchturm (41):

„Zu kommen auf den Turm im Wald, /
Den du tust schaun und sehen;
So merke nun auch, was gestalt /
Mit dem die Sachen stehen.

111

Erst, ist in ihm kein Hungerwurm, /
Denn ist da, zweitens, Lehre,
Und kurz und gut, es ist der Turm /
Von unsrer Kirche, höre,

Wo unser Pastor Predigt hält, /
Und unser Küster singet,
Und uns ein Wunsch nach jener Welt /
Durch Mark und Beine dringet.

Ja, Kirche und Religion – /
Sie haben's groß Gezänke,
Viel haben's Schein, viel ihren Hohn /
Und lachen drob, man denke!

Und ist doch je gewißlich wahr, /
Daß sie es nicht verstehen;
Und daß sie alle ganz und gar, /
Was d r i n n e n ist, nicht sehen.

Der Augenschein lehrt's jedermann: /
‚Wer so viel schöne Gaben
Für Ohr und Auge geben kann, /
Muß auch was B e s s e r s haben –

Der Mann mit Mondstrahl im Gesicht /
Wird's suchen, und wird's finden,
Doch jedem Narren muß man's nicht /
Gleich auf die Nase binden.'"

Nicht ein Schuld- und Hungerturm, sondern der Kirchturm ist
ihm wichtig, weil dieser für den Glauben und Gott steht. Und
hier – in wenigen Zeilen – erfolgt seine Antwort auf die Gretchenfrage. Umstritten und umzankt sei die Religion äußerlich,
doch träfe das nicht ihr Inneres, das unsichtbar sei. Gott ist
Geist und als Geist füllt er das Innere der Kirche. Einen Geist
hat noch niemand je gesehen und wird ihn auch fernerhin nicht

sehen können. Da helfen auch die verzweifelten Versuche heutiger Gehirnforscher nicht, die mit Abbildungen und Messungen von erregbaren Zentren des Gehirns eine Brücke vom Sichtbaren ins Unsichtbare schlagen wollen. Es gibt allerdings schon eine Überbrückung – so Claudius – wenn jemand bereit ist, dem Augenschein zu folgen und den Rückschluss von der Güte des Sichtbaren auf ein noch viel besseres und schöneres Unsichtbares zu wagen. Deswegen besingt er die Wandsbeker Natur, die ihm so unverzichtbar ist (41f):

„Schön ist die Welt, schön unsre Flur, /
Und unser Wald vor allen
Ist schön, ein Liebling der Natur, /
Voll Freud und Nachtigallen.

Und wer uns widersprechen will, /
Der komm und hör und sehe,
Und seh und hör und schweige still, /
Und schäme sich, und gehe!"

Es ist die Natur, die er in ihrer Schönheit wahrgenommen haben will, nicht die Wandsbeker Industrie. Sehen, hören und schweigen heißt für den Boten, die Wirklichkeit passiv und müßig in sich aufzunehmen. Das ist seine religiöse Grundhaltung, die er, über die Kirche hinaus, nun auf die Wahrnehmung der Natur ausweitet. Doch verlockt Wandsbek mit mehr (42):

„Und bald, und bald – ein Dichtermann /
Der würd es recht beschreiben;
Weil ich nun aber das nicht kann, /
So muß ich's lassen bleiben.

Genug, ein jeder drängt heraus, /
Zu leben hier und sterben,
Und baut sich hier ein kleines Haus /
Für sich und seine Erben.

Die Mode, welche Städter zwängt, /
Ist hier gehaßt, wie Schlangen,
Und hoch an unsern Eichen hängt /
Bocks-Beutel aufgehangen,

Und wer hier kömmt, sei wer er sei, /
Nur habe er Dukaten,
Ist ganz sein eigner Herr, und frei, /
Und mag sich selber raten,"

Es ist also mehr als nur Naturschwärmerei, die Claudius in Wandsbek als seinem bleibenden Zuhause findet. Es sind die Freiheiten des Lebens, die ihm das unverbildete Dorf bietet, und die Möglichkeit, hier sein eigener Herr zu sein. Doch eines braucht er dazu notwendig, wie der Dichter aus eigener Erfahrung weiß: Geld bzw. Dukaten!

Schließlich, gleichsam wie ein Postskript, erinnert er sich des berühmten Naturforschers, Tycho Brahe (1546-1601), der auch einmal in Wandsbek forschte. Ausführlich beschreibt er dessen Himmelsvermessung und Beobachtungsturm, um dann zu schließen (43):

„Doch Freundin Luna kömmt daher! /
Empfangt mich Büsch und Bäume! – /
Ihr stilles Zauberwort ist mehr /
Als hunderttausend Reime."

Stehen sich hier nicht wieder einmal rationale Naturwissenschaft und dichterische, ja, religiöse Erfahrung gegenüber? Und wieder einmal enthüllt das Leitgestirn des Boten seine Zauberkraft!

Sei ehrlich, könnte Dir dieses Gedicht nicht auch ein wenig Lust auf Wandsbek machen, allerdings auf eines, das es heute nur in der Erinnerung gibt, in der es Matthias Claudius verewigt hat?

Dein Elias

16. Brief

Das Ende einer Zeitung und der Anfang seines Berufsstandes

Mein lieber Leon,
dass Du mich an Joseph Freiherr von Eichendorff erinnern musstest, wenn es um Zauberworte geht! Ich hätte auch selbst auf sein kleines, so berühmtes Gedicht *Wünschelrute* (1835) kommen können:

> „Schläft ein Lied in allen Dingen
> Die da träumen fort und fort,
> Und alle Welt hebt an zu singen
> Triffst du nur das Zauberwort."

Eichendorff als jüngerer Zeitgenosse des Boten besingt den Zauber der Dichtung. Das ist Romantik pur. Für Claudius haben die dichterischen Zauberworte ihren tieferen Grund in der Nachtseite des Bewusstseins und ihrem großen Symbol des Mondes.

Ich habe Dir doch vom dreifachen Zu-Stehen-Kommen in seinem Leben geschrieben. Er hat einen Standort gefunden: Wandsbek wird fortan seine Heimat sein. Nun will ich Dir schildern, wie aus dem Redakteur des *Wandsbeker Boten* der Autor und Herausgeber der „*Sämtlichen Werke des Wandsbecker Bothen*" wird. Denn darin kommt seine Berufssuche zum Stehen. Er findet seine Berufung und darin seinen Berufsstand: Er ist und er wird Schriftsteller!

Als Redakteur des *Wandsbeker Boten* bildet Claudius seine Botenpersönlichkeit viereinhalb Jahre – nach seiner dreijährigen „Lehrzeit" bei den *Addreß-Comptoir-Nachrichten* – unter dem Namen Asmus aus. Dort erfindet er sein alter ego – sein anderes Ich – in seinem Vetter Andres. Er entwickelt einen ganz eigenen Stil, der Schule macht, insbesondere durch die häufige Verwendung des Apostrophs, durch die schon erwähnten Gedankenstriche und eine kunstvoll einfältig wirkende Sprache sowie mit seiner bescheiden auftretenden, aber in die Tiefe gehenden Denkungsart. Sein Stil macht übrigens zu seiner Zeit Schule (AK 92).[30]

Aber schon bald ahnt Claudius, dass dem *Wandsbeker Boten* als Zeitschrift keine lange Zukunft beschieden sein würde (Br I, 83): „ Mit dem Wandsbecker Boten wills nicht recht fort und ich glaube, daß ers nicht lange mehr aushält. Bode wäre auch nicht gescheut, wenn er ihn zu seinem Schaden noch lange fortsetze." Weil er sich schon länger darüber klar ist, dass es mit der Zeitung zu Ende gehen wird, reift in ihm sein Plan *Gesammelter Werke*. Und zu sammeln gab es jede Menge seiner vielen, verstreuten Beiträge in Zeitungen und Almanachen (d. i. Jahrbücher) und natürlich vor allem in der Zeitschrift *Der Wandsbecker Bothe*. So schreibt er Herder in dieser Angelegenheit (Br I, 85): „Die Flicke operum meorum (d. h. meiner Werke) kann ich Ihnen nicht schicken, ich habe sie zum Teil höchsten nur einmal, und wie ich Ihnen gesagt habe, sie sollen einmal zusammengedruckt werden unter dem Titel ‚Sämtliche Werke des Wandsbecker Boten"'.

Von Seiten der Zeitung wird die Kündigung unvermeidlich, die auszusprechen Bode allerdings seiner Frau überlässt (26. Juni 1775; an Voß; Br I, 131f): „Nach dem Tag Ihrer Abreise ließ Madam Bode mir per Estafetta (d. i. Eilbote) die Nachricht werden, daß ich den Tag vorher die letzte Zeitung gemacht hatte. Ich weiß also nun nicht, wie lange ich in Wandsbeck bleiben kann und bleiben werde ..."

Noch vor Ende der Zeitung reiften sein Lebenswerk heran. Am 24. Oktober 1774 schreibt er an Voß (Br I, 107f): „Da es mit dem Boten nicht weit mehr vom Amen zu sein scheint, so werde ich wohl zu Ostern, pour corriger la Fortune (d. h. um das Schicksal zu korrigieren), meine oeuvres (d. h. Werke) sämtlich edieren."

Der volle Titel seines ganz aus ihm erwachsenen Werkes lautet: *„ASMUS omnia sua SECUM portans oder Sämmtlichen Werke des*

Wandsbecker Bothen, I. und II. Theil."[31] In seiner Subskriptions-anzeige relativiert er in typischer Manier gleich zu Beginn sein Vorhaben (9):

> „Ich will meine Werke auch sammlen und h'rausgeben. Es hat mich zwar, wie sonst wohl zu geschehen pflegt, kein Mensch drum gebeten, und ich weiß besser als irgendein geneigter Leser, wie wenig dran verloren wäre, wenn meine Werke so unbekannt blieben als ich selbst bin, aber 's ist doch so artig mit dem Subskribieren und H'rausgeben, und so eine Freud und Ehre für mich und meine alte Muhme (d. h. Tante im wörtlichen, seine Frau als nahe Verwandte im übertragenen Sinne); ist auch ja 's Menschen sein freier Wille, ob er subskribieren will oder nicht."

Leon, darin zeigt sich seine vieldiskutierte „Bescheidenheit", die für mich aber eher eine gesunde Selbsteinschätzung ist.

Viel ist über seine lateinische Überschrift gerätselt worden: *„ASMUS omnia sua SECUM portans!* – Asmus, alles Seinige mit sich tragend!" Zunächst: Offensichtlich rechnet er damit, dass alle seine Leser des Lateinischen mächtig sind. Sodann: Dass er bei seinen Lesern die gesamte Mythologie der Antike als bekannt voraussetzt, ist hier und dort schon aufgeblitzt. Steht hinter den ersten Worten einer der sieben Weisen Griechenlands, Bias von Priene? Dieser soll auf der Flucht vor Feinden nichts mitgenommen haben (AK 130): „Omnia mea mecum porto' (All meine Habe trage ich bei mir)."

In seiner Subskriptionsanzeige sagt er (9): „Dieser *secum portans* (Mit-Sich-Tragen) wird bestehen aus Gedichten, einigen Briefen, und andern prosaischen Stücken, welche letztere zum Teil mein einfältiges Urteil über ein und andres Buch enthalten." Ihm geht es also um geistige Impulse, die jeder Leser verinnerlichen und ebenfalls mit sich, weil in sich, tragen kann. Niemand muss sich mit Büchern oder Besitztümern abschleppen! Peter Berglar fasst treffend die Wandlung zusammen, die Matthias erlebt (PB 44): „Eine einzigartige Personifizierung hat sich vollzogen. Der ‚Wandsbecker Bote', Name einer kurzlebigen, fallierten

(d. h. in Konkurs gegangenen) Zeitung, ist zu einem Menschen aus Fleisch und Blut geworden, fortlebend, durch die Zeiten gehend, inkarniert als Matthias Claudius."

Matthias bekennt sich zu seinem Beruf als Schriftsteller, dessen Besonderheit ist, Botschaften zu vermitteln. Er will also nicht nur unterhalten, sondern will bewegen und verändern. Er begreift sich daher – nach anfänglichen Suchbewegungen – als eine Art Prophet. Ich meine, in dieser Berufung als Bote, die sich im Laufe der weiteren Teile seiner *Sämtlichen Werke* immer stärker durchsetzt, bestimmt er sich innerhalb der Szene zeitgenössischer Schriftsteller auf eine einzigartige, unverwechselbare Weise.

Genug, lieber Leon. Du wirst mir zustimmen können, dass mit der Namensfindung der Zeitung *Der Wandsbecker Bothe* bei Matthias Claudius ein Prozess der Selbstfindung einsetzt, der seine Krönung und seinen Abschluss in den *„Sämtlichen Werken des Wandsbecker Bothen"* findet.

Noch eine Beobachtung am Rande: Das Jahr 1775 bildet so etwas wie einen Höhepunkt in Claudius' Leben. Er beginnt seine Existenz als freier Schriftsteller. Große Träume hat er mit seinen Freunden vom Göttinger Hainbund, Johann Heinrich Voß und Ludwig Christoph Heinrich Hölty. Er will sie nach Wandsbek holen und – so vermute ich – dort eine Art Dichtermekka, wie in Weimar, schaffen. Sogar der Göttinger Musenalmanach soll mit umziehen. Wenn Du die Briefe dazu liest, wirst Du Dich eines Lächelns nicht erwehren können. Der sonst so weltfern und geldfremd wirkende Claudius offenbart sich als exakter Planer. Und er freut sich auf Hölty, weil dieser Violine spielen und so das musikalische Ensemble in Wandsbek vervollständigen kann. Beispielhaft ist für mich ein Brief mit genauer Zeichnung des möglichen Wohnhauses und einer genauen Kostenaufstellung einschließlich der Nachttöpfe. Humorig meint er: Diese seien zur Not bei einer Ersparnis eines halben Talers von insgesamt 380 Reichthalern pro Jahr verzichtbar (Br I, 117-119).[32] Sodann fügt er noch eine Zeichnung zur Lage des Hauses im Ort bei (Br I, 121). Er beschwert sich über das Zögern der Göttinger (21. 2. 1775; Br I, 123): „Wenn ich auch so kleinmütig und verzagt wäre, als Sie und vermutlich auch Herr Hölty sind, so würde ich gleich

Asmus omnia fua secum portans,

ober

Sämmtliche Werke

des

Wandsbecker Bothen,

I. und II. Theil.

Hamburg, gedruckt bey Bode. 1775.

Titelblatt der ersten zwei Teile seiner *Sämtlichen Werke*

hinlaufen und das Haus wieder aufsagen. Das laß ich aber wohl bleiben." Trotz aller seiner Mühe: Der Traum zerschlägt sich. Hölty wird schon 1776 sterben und Voß zieht zwar für ein Jahr nach Wandsbek, wird aber dann – frisch verheiratet – als Rektor an die Lateinschule in Otterndorf gehen. Claudius selbst gerät in äußerste Geldnöte und muss 1776 für ein Jahr Wandsbek verlassen und in Darmstadt wohnen. Höhepunkt seines Strebens und Scheitern seiner Pläne – beides liegt sehr eng zusammen.

Bleibt mir nun noch, Dir den dritten Stand zu schildern, seinen Ehestand, die Geschichte seiner Liebe zu Rebecca und sein Familienleben.

Damit schließe ich für heute und grüße Dich herzlich,
Dein Leon

17. Brief

Der Ehestand mit Rebecca – große Liebe und Lebensgefährtin

Lieber Leon,

Wandsbek ist sein Standort, Redakteur des *Wandsbeker Boten* ist sein Berufsstand. Nun will ich Dir seinen Ehestand schildern, welcher in seinem Leben und Dichten einen so zentralen Raum einnimmt. Als er Ende 1770 in Vorbereitung der Zeitungsgründung *„Der Wandsbecker Bothe"* nach Wandsbek zieht, kommt es zu einer schicksalshaften Begegnung (AK 97): „In Wandsbek sucht Claudius eine Wohnung und findet das Glück seines Lebens. Anna Rebecca, die zweite Tochter des Zimmermans Joachim Friedrich Behn, ist erst sechzehn, als der dreißigjährige Zeitungsschreiber im Dezember 1770 ins Haus der Behns kommt ... Es muss Liebe auf den ersten Blick gewesen sein." Dazu will ich Dir die Originaltöne von Matthias nicht verheimlichen. Er schreibt am 20. September 1771 an Herder, sprachlich und mythologisch verklausuliert, wie damals die Genies unter sich verkehrten (Br I, 78f):

> „Ich habe ein Mädchen lieb gewonnen, ein einfältiges, ungekünsteltes Bauernmädchen. ... Bei den Sprachgebärden und rohen Schrei's der ersten Völker, bei der Wunde in der Hüfte des Adonis, beim Vers im Virgil Speluncam devenere eandem – bei der Schlafmütze des Jupiters, bei der Einfalt und Unschuld, beim Genie, das in Euch wohnt, lacht, wenn Ihr diesen Brief gelesen habt, aber tut mehr als lachen und bedenkt, dass Gott erschaffen hat ein Männlein und ein Fräulein."

Du spürst gewiss auch, wie Matthias – dreißig Jahre ist er alt – sich hier nach langem Suchen und Leiden in glücklicher Liebe und jubelnder Freude überschlägt. Bevor Du mich nötigst, Dir seine kryptischen Zeilen zu entschlüsseln, will ich mich selbst daran versuchen. Mit dem rohen Schrei der ersten Völker könnte Claudius einen Liebesschrei einfacher, urtümlicher Völker gemeint haben. Er bemüht sodann die antike Mythologie, um seinem Sehnen und seinen Freuden Ausdruck zu verleihen. Aus den Blutstropfen der Wunde des sterbenden Adonis sollen die Adonisröschen entsprießen. Und Jupiters Schlafmütze ist auf antiken Sarkophagen (d.h. steinernen Särgen) als Bild für den ewigen Todesschlaf bekannt.

Die berühmte Höhle des Vergil als Symbol für die liebende Vereinigung kennst Du ja schon. Mit Herder teilt er sich das junge Liebesglück (Br I, 80):

„Ihr Mädchen ist, hab ich gehört, aus Veilchenduft und Mondschein zusammengewebt; o du lieber Jüngling, wie gönne ich sie Dir so herzlich und Dich dem Mädchen! Meins ist ein ungekünsteltes, rohes Bauernmädchen im wörtlichen Verstande, aber lieb hab ich sie darum nicht weniger, mir glühen oft die Fußsohlen für Liebe."

Mehrfach nennt Claudius seine Rebecca so – sein Bauernmädchen! Aber Leon, sie ist doch gar kein Bauernmädchen, sondern stammt aus einer Handwerkerfamilie mit kleiner Gaststube in Wandsbek! Warum nennt er sie so? Braucht er das Einfache, Unverbildete? Auch Hamann nennt seine Anna Regine Schumacher, die als Köchin in seinem Haus dient, ein ‚ehrlich gesundes Bauernmensch', zögert aber, sie zu heiraten. Im Gegensatz zu Claudius bleibt dessen Verhältnis ein Leben lang ungeklärt, obwohl er drei Kinder mit ihr bekommt (AJ 61f). Und warum tut sich Goethe – ohne zu heiraten – ausgerechnet mit Christiane Vulpius zusammen, die als nicht standesgemäß lange vom Weimarer Hof geschnitten wird und die er erst achtzehn Jahre später ehelicht? Zieht das unverbildete, natürliche Wesen dieser Frauen diese hochgebildeten Männer magisch an? Folgen sie dem Ideal Jean-Jaques Rousseaus, der die unverbildete Natur als das Gute verherrlicht?

Rebecca Claudius, geb. Behn, die Gattin des Dichters
Nach dem Gemälde von Friederike Leisching

Rebecca Claudius, geb. Behn, von Friederike Leisching

Oder verbirgt sich – wieder einmal – ein antikes Vorbild dahinter? Ich hatte Dir ja schon angedeutet, dass Du bei dem tieferen Verstehen der damaligen Literaturszene ohne intime Kenntnis der antiken Literatur verloren bist. Bei Horaz (Oden III, 23) findest Du ein Lied von einer *rustica Phidyle*, d. h. einer bäuerlichen Phidile, die den Laren, d. h. den Hausgöttern, opfert und mit ihren reinen Händen den Altar berührt, um die Wettergötter milde zu stimmen und für eine gute Ernte zu sorgen. Mich hat ein guter Lateiner auf eine deutsche Übersetzung im Internet hingewiesen.[33] Schützt so die reine Hand seiner ländlichen Phidile auch Matthias und sein Werk? Wenn ich damit richtig liege, versteht er seine Ehe mit dem „Bauernmädchen" im religiösen Sinne als Ort der Reinheit, der ihn vor Einbrüchen des Bösen bewahren wird.

Dass sich diese Phidile auf seine Rebecca bezieht, wird an einem Gedicht deutlich, das er ihr nach dem ersten Treffen mit einem feurig-schüchternen Jüngling in den Mund legt (PHIDILE; 33f):

„Ich war erst sechszehn Sommer alt,
Unschuldig und nichts weiter,
Und kannte nichts als unsern Wald,
Als Blumen, Gras, und Kräuter.

Da kam ein fremder Jüngling her;
Ich hatt' ihn nicht verschrieben,
Und wusste nicht wohin noch her;
Der kam und sprach von Lieben.

Er hatte schönes langes Haar
Um seinen Nacken wehen;
Und einen Nacken, als das war,
Hab' ich noch nie gesehen.

Sein Auge, himmelblau und klar!
Schien freundlich was zu flehen;
So blau und freundlich, als das war,
Hab' ich noch keins gesehen.

Und sein Gesicht, wie Milch und Blut!
Ich hab's nie so gesehen;
Auch, was er sagte, war sehr gut,
Nur konnt' ich's nicht verstehen.

Er ging mir allenthalben nach,
Und drückte mir die Hände,
Und sagte immer O und Ach,
Und küsste sie behende.

Ich sah ihn einmal freundlich an,
Und fragte, was er meinte;
Da fiel der junge schöne Mann
Mir um den Hals, und weinte.

Das hatte niemand noch getan,
Doch war's mir nicht zuwider,
Und meine beiden Augen sahn
In meinen Busen nieder.

Ich sagt' ihm nicht ein einzig Wort,
Als ob ich's übel nähme,
Kein einzig's, und – er flohe fort;
Wenn er doch wieder käme!"

Die Anspielung auf die sechzehn Jahre passt haargenau auf Rebecca. Sie also ist die *rustica Phidile*, das Bauernmädchen, das der dreißigjährige Dichter trifft. Leon, mich rührt es an, wie ehrlich und ein wenig selbstironisch sich der Dichter mit Worten seiner jungen Phidile schildert: seine Unbeholfenheit und gebildete Umständlichkeit, sein ungeschicktes und scheues Liebeswerben! Am 15. März 1772 heiraten Matthias und seine Rebecca auf höchst originelle Weise (Br I, 83f an Herder):

„Aus dem Briefe erfahren Sie, dass ich Hymen, Hymenee (d. h. griechischer Hochzeitsruf) geschrien habe und zwar ganz unvermutet für alle, welche des Zeugen worden, als da sind

Klopstock, der Verfasser der gelehrten Republique ist, nb. die ganze Abhandlung in dem Hypochondristen neue Auflage, Professor Ehlers, der itzo Rektor des Gymnasiums in Altona ist, der dicke Herr in Hamburg (d. i. Bode), dem seine Frau vorgestern einen kleinen Herrn geboren hat, der auch vielleicht einmal, wenn unsere Enkel Zeitungen lesen und schreiben, ein dicker Herr sein wird, Schönborn, der ein Gesicht wie eine Eichenrinde und ein Herz wie Blumenduft hat und anbei ein Gemüt wie Newton und Cartesius, und noch 2 oder 3 andere Herrn, die nicht dick und nicht dünne waren und auch seitdem nicht geworden sind. Denn als diese Gevattern alle durch Kunstgriffe versammlet waren und der Pastor loci, fing ich an, von copuliert (d. h. verheiratet) werden zu sprechen, gleichsam scherzweise, und war, nachdem ich eine Königliche Concession, ein Richtweg in den Ehestand, aus dem Schubsack gezogen hatte, gleich auf der Stelle copuliert, und nun ist Betty mein, o Hymen, Hymenee fein, und alles Wasser ist Wein, und bei dem allen denk ich Dein, o Hymen, Hymenee! –"

Er heiratet nicht nur originell, sondern weiß seine Überraschungshochzeit auch originell zu beschreiben. Ich glaube, Du spürst daraus das Hintersinnige und Humorige seiner Lebens- und Schreibkunst. Er hat einen großen Sinn für das Unkonventionelle und doch zugleich Überwältigende dieses Ereignisses.

Die Ehe der beiden wird bald von allen gerühmt, die mit ihnen zu tun haben (PB 99): „Da stimmt eben alles: Bett und Küche, der liebe Gott im Herzen und die Kuh im Garten, Kindergewimmel, Hausmusik und die Freude über den unerwarteten Braten und die Träne beim Tod eines Lieben." Über Rebecca selbst ist zu lesen (AK 101): „Sie muss eine bemerkenswert schöne, lebenskluge und liebenswürdige junge Frau gewesen sein, die sich später an der Seite ihres Mannes in den geselligen Kreisen in Hamburg und Holstein mit ihren relativ gelockerten Standesgrenzen sicher bewegen konnte." In 22 Jahren gebiert ihm Rebecca zwölf Kinder, sechs Töchter und sechs Söhne, von denen neun überleben. Sie wird trotz der vielen Geburten und so mancher Krankheit 78

Jahre alt und verstirbt siebzehn Jahre nach ihrem Mann Matthias am 26. Juli 1832.

Matthias und Rebecca wurden – Du ahnst es schon – als Traumpaar verehrt (AK 100): „Die Verbindung von Rebecca und Matthias Claudius erschien den Zeitgenossen bald als ‚Muster einer glücklichen Ehe' (Voß)." Und ein wenig von der Ausstrahlung der beiden fängt sein Freund Voß in einem Brief an seine Verlobte Ernestine ein (AK 101):

„„Wir gingen in dem kleinen Holze spazieren, wo es wirklich überaus angenehm ist ... Claudius war von der Nachtigall gerührt und erzählte mir seine Geschichte mit seiner Frau. ... Seine Frau ist wirklich sehr artig, und sie lieben sich beyde aufs äußerste. ... Wechselweise wiegen sie ihre Tochter, oder tragen sie auf dem Arme herum. Ich habe mich gewundert, wie schön der Bothe Wiegenlieder singen kann. ... Hernach gingen wir in seinen kleinen Garten, und lagerten uns alle vier im Grase. Seine Frau hatte ihr Kopfzeug abgenommen, und sah ganz wohl aus, mit den langen hellbraunen Haaren, die blos zusammengebunden über ihrer Schulter hingen."

Ehe und Familie werden fortan für das Dichten und Denken des Boten zur Quelle der Inspiration und geben seiner Existenz den festen Rahmen. Bei anderen Schriftstellern könnte ich mir denken, dass die Familie in den Hintergrund tritt. Bei Matthias Claudius ist das undenkbar. Die familiäre Existenz ist Teil seiner Botschaft.

Damit genug für heute. Herzliche Grüße,
Dein Elias

18. Brief

Geborgen im Kreis der Familie

Lieber Leon,
ich hatte Dir ja geschildert, dass Claudius' Leben in dreifacher Weise Form und Gestalt, ja, Standfestigkeit gewinnt. In Wandsbek findet er am Rande der Stadt in ländlicher Geborgenheit seinen Standort. Am Rande der großen Literatur findet er seinen Berufstand als Bote des Glaubens. Und der Ehestand verhilft ihm, in wachsender Individualisierung Geborgenheit in seiner Familie zu finden, dieser kleinsten sozialen Zelle menschlichen Daseins. Das Familienleben bietet ihm die meisten Anlässe für sein Dichten. Ohne Bedenken und ohne Scheu breitet er sein Privatleben in seinen *Sämtlichen Werken* vor aller Öffentlichkeit aus.

Wie es zum Ehestand kam, wie sehr er seine bäuerliche Phidile liebte, habe ich Dir ja schon erzählt. Schon bald bekam ihre Zweisamkeit einen bitteren Dämpfer, als ihr erster Sohn Matthias kurz nach seiner Geburt verstarb (Br I, 85, an Herder; vgl. auch Br I, 86 an Gerstenberg): „Mein Bauermädchen hat schon einen kleinen Bauerjungen geboren, aber 2 Monat zu früh. Er hat nur einmal in ihrem Arm zum Mond bitterlich aufgeweint, dann ging er wieder heim. –" Glück und Leid wohnen von Anfang an dicht nebeneinander. Dennoch: Wenige Jahre später wird er Freundschaft mit dem Tod schließen und mit ihm seine *Sämtlichen Werke* eröffnen.

Ein rührendes – und wie ich finde originelles – Zeugnis der Liebe zu seiner Frau legt er in seinem Gedicht zu ihrem 30. Geburtstag am 26. 10. 1784 ab (FRAU REBEKKA; 239f):

„Wo war ich doch vor dreißig Jahr,
Als deine Mutter dich gebar?
Wär' ich doch dagewesen! –
Gelauert hätt' ich an der Tür
Auf dein Geschrei, und für und für
Gebetet und gelesen.

Und kam's Geschrei – nun marsch hinein
‚Du kleines liebes Mägdelein,
Mein Reis'gefährt, willkommen!'
Und hätte dich denn weich und warm
Zum erstenmal in meinen Arm
Mit Leib und Seel genommen.

Und hätte dich denn weich und warm
Mit Leib und Seel in meinen Arm
Zum erstenmal genommen ...
‚Du frommes liebes Mägdelein,
Ich hab' dich sonst noch nicht gesehn,
Willkommen, bis(t) willkommen! –

Wie bist du lieber Reisgefährt
In deinen Windeln mir so wert!
O werde nicht geringer!
Du Mutter, lehr das Mägdlein wohl!
Und wenn ich wiederkommen soll;
So pfeif nur auf dem Finger."‘

Leon, was für eine wunderbare Idee, sich in die Zeit der Geburt
seiner geliebten Rebecca zurückzuversetzen und schon dort als
der Künftige eine Beziehung zu ihr aufzunehmen!

Trotz einer „idealen Ehe" und des Glücks vieler Kinder wird
deutlich: Oft sind die Eltern krank. Sein Leiden ist die Atemnot,
Pleuresie genannt (vgl. Br I, 406), und ihr Leiden die Schwächun-
gen, die sie den vielen Geburten „verdankt".

Rebecca Claudius als junge Mutter

Scherenschnitt von Rebecca als junger Mutter

Jährliche Kuren in Bad Pyrmont helfen allerdings ihrer Gesundheit wieder auf (Br I, 368; 12. Januar 1798 an Ruösch): „Nächst Gott habe ich dem Pyrmonter Brunnen das Wiederbesserbefinden meiner Frau zu danken." Gemeinsam haben sie Höhen und Tiefen des Ehe- und Familienlebens getragen.

Die Ehe ist kein „Zuckerschlecken", wie der Bote weiß. In einem *Brief an Andres* will er ihn vor einer romantischen Verklärung bewahren (VON WEGEN EINER GEWISSEN VERMUTUNG; 113f):

„Es ist mir angenehm aus Jost seinem Frachtzettel zu vermer-
ken, daß Du willens bist, Dich wieder zu verheiraten. Glück zu!
Das Heiraten kommt mir vor wie 'n Zuckerboltje oder -boh-
ne; schmeckt anfangs süßlich, und die Leute meinen denn: es
werde ewig so fortgehen. Aber das bißchen Zucker ist bald ab-
geleckt, sieht Er, und denn kommt inwendig bei den meisten 'n
Stück Assa foetida (d. i. eine orientalische Gewürzpflanze mit
bitterem, beißendem Geschmack und unangenehmem Ge-
ruch) oder Rhabarber, und denn lassen sie's Maul hängen. Bei
Dir nun soll's nicht so sein! Du sollst, wenn Du mit dem Zucker fertig bist, eine wohlschmeckende kräftige Wurzel finden,
die Dir Dein Lebelang wohltut! Wie ich Dich kenne, und Deine Wirtschaft mit der seligen Gertrud angesehen habe, bin ich
auch überzeugt, es werde so gehen, Du müßtest denn gar an
einen Höllbesen geraten sein, und der gibt es nicht viele. Die
Weiber sind geschmeidige gute Geschöpfe, und wenn Du von
einer hörst die ihrem Manne krumme Sprünge macht, kannst
Du allemal zehen gegen eins wetten, daß er sich gegen sie nicht
betrage, wie 's einem christlichen Ehemann wohl zusteht. ...“

Er erinnert seinen Vetter an die sattsam bekannte Erfahrung,
dass ein lieblicher Anfang keineswegs einen lieblichen Fortgang
einschließt. Keine Ehe kann das reine Glück auf Erden sein.
Nicht umsonst wählt Claudius den Vergleich mit einem scharfen Gewürz im Inneren des „Zuckerbonbons junger Ehe“. Wie
die Würze das Essen, so macht das Leiden die Zweierbeziehung
erst schmackhaft und gesund. Ohne sie, um im Bild zu bleiben,
würde jede Ehe fade werden. Das Schwere und Widerständige
einer Ehe ist kein Versagen in der Liebe, sondern gehört zum Zu-
sammenleben dazu. Zugleich verwahrt er sich gegen einen po-
tentiellen Einwand, die Bitterkeit einer Ehe könne doch an einer
zänkischen, bösartigen Frau liegen. Seine Antwort finde ich bemerkenswert. Sollte ein Ehemann unter einem solchen „Höllen-
besen“ leiden, so soll er sich selbst fragen, ob er durch seine Frau
nur wiederbekommt, was er zuvor an ihr versäumt hat.

Zu seiner Ehe gehören Kinder, die eine Zweierbeziehung erst
zu einer Familie machen. Vom Bratäpfelfest und dem Eiszäpfel-

fest – seinen schnurrigen Erfindungen für seine Kinder – habe ich Dir schon geschrieben. Ich kann mich der Vermutung nicht erwehren, als wolle er bewusst den klugen Gedanken der Gelehrten die Kleinigkeiten des Alltags aus seinem Familienleben entgegenstellen. Matthias ist ein rührender Vater, der einen kleinen Moment des Glücks zwischen Mutter und Kind in einem Vierzeiler festhält (25):

„ALS ER SEIN WEIB UND'S KIND AN IHRER BRUST SCHLAFEND FAND
Das heiß' ich rechte Augenweide,
's Herz weidet sich zugleich.
Der alles segnet, segn' euch beide!
Euch liebes Schlafgesindel, euch!"

Doch wäre er nicht Matthias Claudius, wenn er nicht auch eine der typischen Reflexionen über die Vererbung auf lustige Weise „verdichtete" und in Rebeccas Mund legt (DIE MUTTER BEI DER WIEGE; 38, 1771):

„Schlaf, süßer Knabe, süß und mild!
Du deines Vaters Ebenbild!
Das bist du; zwar dein Vater spricht,
Du habest seine Nase nicht.

Nur eben itzo war er hier
Und sah dir ins Gesicht,
Und sprach: ‚Viel hat er zwar von mir,
Doch meine Nase nicht.'

Mich dünkt es selbst, sie ist zu klein,
Doch muß es seine Nase sein;
Denn wenn's nicht seine Nase wär,
Wo hättst du denn die Nase her?

Schlaf, Knabe, was dein Vater spricht,
Spricht er wohl nur im Scherz;

Hab immer seine Nase nicht,
Und habe nur sein Herz!"

Humor hat er! Humor ist bekanntlich ein Zeichen der Wahrheit,
Leon! Humorig betrachtet der Bote seine Familie. Humorig lässt
er sich auch darüber aus, dass er so lange auf einen Sohn warten
muss (ANSELMUCCIO; 113):

„Ist gar ein holder Knabe, er!
Als ob er's Bild der Liebe wär.
Sieht freundlich aus, und weiß und rot.
Hat große Lust an Butterbrot,
Hat blaue Augen, gelbes Haar,
Und Schelm im Nacken immerdar.
Hat Arm und Beine, rund und voll!
Und alles, wie man's haben soll.
Nur eines fehlt dir, lieber Knabe!
Eins nur: Dass ich dich noch nicht habe."

Weiter im Text mit Humor! Dichterisch verwandelt er das erste
Zahnen in ein musikalisches Familienfest (MOTETTO, Als der
erste Zahn durch war; 174):

„Viktoria! Viktoria!
Der kleine weiße Zahn ist da.
Du Mutter! komm, und groß und klein
Im Hause! kommt, und kuckt hinein,
Und seht den hellen weißen Schein.

Der Zahn soll Alexander heißen.
Du liebes Kind! Gott halt ihn dir gesund,
Und geb dir Zähne mehr in deinen kleinen Mund,
Und immer was dafür zu beißen!"

Und in gleicher Weise bedichtet Matthias das Ziehen eines Milch-
zahns (EIN LIED IN DER HAUSHALTUNG, Zu singen, wenn
ein Wechselzahn soll ausgezogen werden; 238f)

„*Die Mutter:*
Wir ziehn nun unsern Zahn heraus,
Sonst tut der Schelm uns Schaden.
Und sei nicht bange, kleine Maus!
Gleich hängt er hier am Faden.
Die Schwestern und Brüder und der Vater, Coro:
Der Zahn, der Zahn, der muss heraus,
Sonst tut der Schelm nur Schaden.
Die Mutter:
Ei seht, sie macht die Nase kraus,
Und fürchtet meinen Faden.
Hilft nicht; der Zahn, der muss heraus,
Und denn kriegt Gustchen Fladen.
Coro:
Der Zahn, der Zahn, der muss heraus,
Und denn kriegt Gustchen Fladen.
Die Mutter:
So recht, so recht, du liebe Maus!
Nun ist er fest, der Faden.
Und – – nun ist auch der Zahn heraus,
Und soll dir nicht mehr schaden.
Coro:
Der Zahn, der Zahn, der ist heraus;
Da hängt er an dem Faden!"

Leon, abgesehen von den veralteten Methoden des Zahnziehens
– ich könnte Dir jetzt noch so viel schreiben, von der Peitsche für
Fritzchen (Br II, 30) oder von den zahlreichen Briefen an seine
Lieblingstochter Anna. Das würde ein ganzes Buch füllen. Denn
die Geschichte seiner Familie ist fast so etwas wie eine Weltgeschichte im Kleinsten (PB 99): „Wir haben in der deutschen Literatur nicht sehr viele Zeugnisse des Familienlebens." Du siehst,
Leon, der Bote macht sein Familienleben zum Thema seines
Dichtens!

Damit schließe ich für heute,
Dein Elias

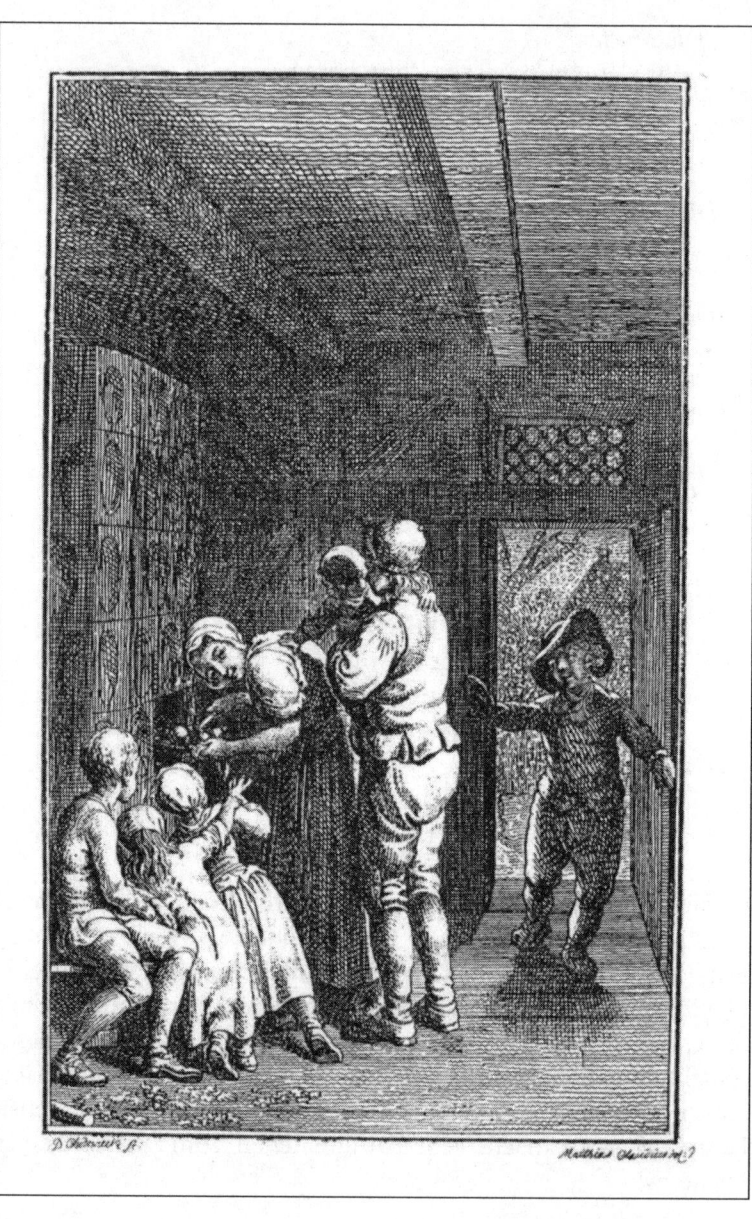

Daniel Nikolaus Chodowiecki (1726 – 1801)

19. Brief

Ein retardierendes, verzögerndes Moment

Lieber Leon,
eigentlich hat sich nun Matthias Claudius' Leben dreifach gefestigt, so dass er kontinuierlich, schöpferisch und produktiv als Wandsbeker Bote hätte weiterwirken können. Doch das Leben spielt anders als unser Planen und Wünschen. Matthias Claudius kommt – die Herausgabe seiner *Sämtlichen Werke* und Übersetzungsarbeiten bringen nicht genug ein – in wachsende Geldnöte. Seine Geldsorgen und Berufssuche sind Dir ja schon reichlich vertraut. Sein Freund Johann Gottfried Herder weiß ihm aus der Not zu helfen. Nur: Er vermittelt ihm eine Stelle, die weder in Wandsbek liegt, noch auf dem Lande und schon gar nicht mit Müßiggang zu verbinden ist. Es handelt sich um eine Tätigkeit in der königlichen Verwaltung Hessen-Darmstadts (Br I, 139; 2. August 1775):

„Ihr seid sehr expedit (befreiend), Freund Herder! Und der Präsident (Friedrich Karl) von Moser muss sehr gütig sein, dass er auf das Wort eines bekannten Mannes einen unbekannten so ehren will. Also geheimer Kanzeleisekretär? Der Avisenschreiber (d. h. der Berichterstatter), den halb Wandsbeck für unklug und ganz Wandsbeck für einen lausigen Avisenschreiber hält, geheimer Kanzeleisekretär? Ich weiß nicht genau, was ein G.C.S. (d. h. Geheimer Cancelei Sekretär) in Darmstadt zu tun hat, aber ich kann rechnen und schreiben, weiß vom Staats- und Völkerrecht nicht viel, finde mich leicht in etwas und arbeite schnell, habe ehedem wohl Italiänisch schreiben können, schreib noch Französisch, grammatikalisch, aber nicht delikat, verstehe Griechisch, Lateinisch, Englisch, Dänisch, Holländisch, Deutsch, etwas Schwedisch und Spanisch, habe die Institutions (Einrichtungen) und Pandekten (Geschichte der Rechtswissenschaft) gehört und Historie, weiß aber von Institutions, Pandekten und Historie nicht mehr als eben zur Leibesnahrung und Notdurft usw., bin ehrlich und lasse mich nicht bestechen. ..."

Er schließt mit seinem Wunsch auf eine Stelle auf dem Lande. Als Herder von ihm ein Bewerbungsschreiben anfordert, kommt es zum Konflikt zwischen den Freunden. Denn Claudius entwirft einen allzu ehrlichen Brief an den Präsidenten Moser (Br I, 163f; 3. Xbr. 1775):

„Wenn ich von meiner Neigung sprechen dürfte, so ist die für ein einsames Leben, für ein nützliches Wirken im Stillen, für Feld und Wald und Bauervolk von jeher gestimmt gewesen; das darf ich auch noch sagen, dass ich es an gutem Willen, herzlicher Tätigkeit und Treue nicht werde fehlen lassen; ob ich aber Geschick genug habe, ein Rad in der Maschine zu sein, dadurch ein Fürst seine Vatermilde über sein gutes Landvolk ausbreiten will, das weiß ich nicht, weil ich noch keine Erfahrung davon gemacht habe und ich nichts von mir annehmen mag, als was ich aus gehabter Erfahrung weiß und ich noch keine Erfahrung davon gemacht habe und ich nichts von mir und ich noch keine Erlaubnis habe, auf die Winke und den guten Rat derjenigen zu rechnen, unter dessen Oberaufsicht die ganze Maschine ihre Wirkung tun soll."

Unverhohlen äußert er dann wieder seinen Wunsch nach einer Stelle auf dem Land, statt in ergebener Dankbarkeit die ihm zugesicherte anzunehmen. Und deutlich sagt er, was ihm an der angebotenen Oberkommissarstelle nicht behagt: Er taugt nicht zu einem Rädchen in der Maschine und weiß nicht, ob er einer solchen Institution dienlich sein kann. Leon, das heißt doch: Er will sich nicht in das komplizierte Gefüge dieser Hofinstitution einfügen. Entsprechend verärgert reagiert Herder auf sein Schreiben und gibt es nicht weiter, sondern verlangt von Claudius ein neues. Der antwortet ihm (Br I, 164f; 5. Xbr. 1775):

„Habt Ihr nicht selbst gesagt, ich sollte in meiner Manier schreiben? Ich mag auch von keiner Distinktion (d. h. Unterscheidung) zwischen Schriftsteller und Menschen Proben ablegen, und meine Schriftstellerei ist Realität bei mir oder sollt es wenigstens sein, sonst hols der Teufel. Gleich gut alles, ich habe den misslungenen Brief zerrissen und mit Füßen getreten und einen andern geschrieben. ... Also, mein lieber, brummscher Herder, seid nur wieder gut, ich werde ums Fratzengesicht des Schriftstellers und großen Geistes Eure Freundschaft nicht aufs Spiel setzen, zumal obgesagtes Fratzengesicht mir gleichgültiger ist, als ihr vielleicht denkt, und ich will meinen Speichel gern wieder hinterschlucken, wenn ich ihn nicht wieder zurück in die Speicheldrüsen zwingen kann, aus denen er nun einmal herausgetreten ist."

Hier spricht er in aller Klarheit über seine Berufung: Er ist Schriftsteller und will darin seine Identität wahren! Auch wenn Claudius hier einlenkt und seine Freundschaft mit Herder nicht riskieren will, so gibt er doch nicht klein bei. Sein Lebensgrundsatz tritt dabei äußerst klar zu Tage. Er will seine Person und seinen Beruf so weit wie möglich zur Deckung bringen: „Existenz ist die erste aller Eigenschaften!"

Die Stelle als Oberlandkommissar geht ihm von der Sache und dem Umfeld her gegen den Strich. Weder ins Hofleben noch ins Stadtleben kann er sich einfinden. Johann Heinrich Merck, einer von Claudius' Vorgesetzten, äußert sich über ihn in einem Brief an Christoph Martin Wieland ebenso kritisch wie würdigend (PB 140; Mai 1776):

„Wir haben nun Claudius; ein trefflicher sehr selbständiger Mensch – sagen Sie Goethe – so ohngefähr wie Klopstock im äussern, nur mehr Poetische Laune u. Leichtigkeit. Er ist derb, kalt, u. schlägt allen Leuten in die Augen ... weiß übrigens nichts was Geld u. Gut ist, und ist überhaupt sehr brav – Nichts von der weisen garstigen Almanachie, und dem Todtengewimmer, sondern ist sehr lustig – hält die KönigsSau in einem großen Respekt, geht ohn Stok u. Degen u. Puder mit dem blosen Cadogan (d. h. Zopf) zum Praesidenten, u. der kans doch nicht übel nehmen, spielt ein herrliches Clavier u.s.w."

Merck nimmt hier kein Blatt vor den Mund. Aus seinen wenigen Zeilen kannst Du entnehmen, dass sich Claudius als Original nicht in die höfische Sitte beugt, keinen servilen Respekt vor dem schwachsinnigen König zeigt und beim Präsidenten Moser ohne die vorgeschriebene Hofkleidung erscheint.

Nicht nur seine Stelle, auch sein Haus macht ihm zu schaffen, wie er Voß lakonisch berichtet (Br I, 199; 1. Octbr. 1776; Hervorhebung von mir!):

„Wir wohnen in dem ersten Hause am Tor und sehen alles ein und ausgehen und hören alle 4 bis 6 Stunden die Trommel ... Wir haben einen großen Saal für Fremde, eine gute Stube für uns, und eine andre, wo der Nachttopf steht, und noch eine für Stina und eine Küche, darin viel gebraten werden kann und wenig gebraten wird, und einen Keller, wo kein Wein darin ist, und einen Holzstall und ein Waschhaus *und keinen Garten und keinen Garten*, und so hohl der Henker den großen Saal und die Stube für uns und die Stube mit dem Nachttopf und Küche und Keller und Waschhaus. Die Leute lieben hier Frisur und Puder so sehr wie in Hamburg und Lübeck, ich lasse aber doch nur alle Sonntage einstreuen."

Herrlich, findest Du nicht auch, dieser spitze Humor, der die zumeist leeren Räume aufzählt, bei deren nutzloser Menge das Einzige fehlt, woran ihm wirklich liegt: ein Garten! Durch einfache Verdopplung des Begriffs macht er dessen Fehlen so eindringlich spürbar. Und mit schwarzem Humor schreibt er Herder (Br I, 205; 14. Xbr. 1776): „Es ist uns herzlich lieb zu vernehmen gewesen, dass H. Superintendent ein so gutes Haus und hinter dem Hause einen so großen, herrlichen Garten hat. Da wir weder einen großen noch kleinen Garten haben, so wird der Hr. und die Fr. Superintendent uns gütigst erlauben, dass wir oft in Gedanken drin spazieren gehn." Typisch für seine Freude am Garten ist denn auch der erste Brief aus dem geliebten Wandsbek an Merck (Br I, 228; 13. Mai 1777): „Caroline springt vom Morgen bis Abend im Garten auf und ab und ihr Herr Vater auch, sie hat Darmstadt schon ganz vergessen und ihr Herr Vater auch."

Dazu: Darmstadt bekommt ihm auch gesundheitlich gar nicht (an Schönborn, Br I, 220; 20. April 1777): „Dahier ist die Luft sehr dünn und trocken und im Sommer sehr heiß und das können wir nicht verdauen und haben das ganze Jahr hindurch gekränkelt, haben uns also entschlossen, lieber in Wandsbeck bei Brot und Wasser gesund als hier bei Rheinwein krank zu sein." Am Ende seiner Darmstädter Zeit wird er noch sterbenskrank. Das mit Galgenhumor geschriebene Gedicht kennst Du schon im Zusammenhang mit Freund Hain.

So bitter dieses Jahr in Darmstadt war, dieser Umweg hat ihn doch endgültig gewiss gemacht. Er gehört in eine dörfliche Umgebung, eben nach Wandsbek. Er will als Wandsbeker Bote eine freie Schriftstellerexistenz führen und lieber arm als unglücklich sein. Was das Geld angeht, hofft er darauf, dass er durch seine Werke, Übersetzungsarbeiten und Mäzene für seine wachsende Familie ein Auskommen findet. Und er findet es und findet es fröhlich. Besser als mit seinem eigenen Dichten kann ich Dir seine Lebenshaltung nicht schildern, die sich in Darmstadt hat bewähren müssen (49f):

„EIN LIED, nach der Melodie: *My mind to me a kingdom is*, in den *Reliques of ancient Poetry*

Ich bin vergnügt, im Siegeston
Verkünd es mein Gedicht,
Und mancher Mann mit seiner Kron
Und Szepter ist es nicht.
Und wär er's auch; nun, immerhin!
Mag er's! so ist er was ich bin.

141

Des Sultans Pracht, des Mogols Geld,
Des Glück, wie hieß er doch,
Der, als er Herr war von der Welt,
Zum Mond hinaufsah noch? –
Ich wünsche nichts von alledem,
Zu lächeln drob fällt mir bequem.

Zufrieden sein, das ist mein Spruch!
Was hülf mir Geld und Ehr?
Das, was ich hab, ist mir genug,
Wer klug ist wünscht nicht sehr;
Denn, was man wünschet, wenn man's hat,
So ist man darum doch nicht satt.

Und Geld und Ehr ist obendrauf
Ein sehr zerbrechlich Glas.
Der Dinge wunderbarer Lauf
(Erfahrung lehret das)
Verändert wenig oft in viel,
Und setzt dem reichen Mann sein Ziel.

Recht tun, und edel sein und gut,
Ist mehr als Geld und Ehr;
Da hat man immer guten Mut
Und Freude um sich her,
Und man ist stolz, und mit sich eins,
Scheut kein Geschöpf und fürchtet keins.

Ich bin vergnügt, im Siegeston
Verkünd es mein Gedicht,
Und mancher Mann mit einer Kron
Und Szepter ist es nicht.
Und wär er's auch; nun, immerhin!
Mag er's! so ist er was ich bin."

Leon, wenn ich bedenke, dass er dieses Lied inmitten von Geld-
nöten und Berufssorgen schreibt, dann erkenne ich die andere

Dimension seines Lebens darin wieder, die aus einer Geborgenheit im Ewigen fließt: im Leben zufrieden, vergnügt und eins sein mit sich selbst, das ist sein Reichtum! Was könnte man mehr wollen?

Herzlichst,
Dein Elias

20. Brief

So hab ich's mit der Religion: Die Gottesfrage

Lieber Leon,

nun komme ich erneut auf seinen dritten Stand, den Berufsstand. Matthias Claudius versteht sich als Bote, der zunächst Nachrichten aus aller Welt in alle Welt bringt. Seine *Sämtlichen Werke* beginnen als ein buntes Sammelsurium. Doch mehr und mehr schält sich heraus, dass Matthias Claudius vor allem ein Bote des Glaubens sein will. Dazu greife ich einen Gedanken Deines geliebten Martin Heidegger auf, dass jeder große Geist nur einen einzigen, tragenden Gedanken hat:

> „Der Forscher braucht immer neue Entdeckungen und Einfälle, sonst gerät die Wissenschaft ins Stocken und ins Falsche. Der Denker braucht nur einen einzigen Gedanken. Und die Schwierigkeit für den Denker ist, diesen einzigen, diesen einen Gedanken als das einzig für ihn zu-Denkende festzuhalten, dieses Eine als das Selbe zu denken und von diesem Selben in der gemäßen Weise zu sagen."[34]

Doch um welchen einen Gedanken kreist das Denken Matthias Claudius'? Das, wonach die Gretchenfrage fragt: um das Geheimnis der Religion, die den Geist, den wir Gott nennen, durch die Heilige Schrift und die Schöpfung offenbart. Über die Offenbarungen in der Natur – einschließlich seiner Familie – habe ich Dir schon viel geschrieben. Nun aber geht es um das reiche Erbe des christlichen Glaubens, das er auf zwanzig Seiten – wie ein Testament – seinen Kindern weitergibt. Ich kann Dir bei der

Fülle seiner Gedanken nur ein paar typische Züge und ein paar wesentliche Eindrücke wiedergeben (EINFÄLTIGER HAUSVATER-BERICHT ÜBER DIE CHRISTLICHE RELIGION, *an seine Kinder Caroline, Anne, Auguste, Trinette, Johannes, Rebekke, Fritz, Ernst und Franz.* Nach der Heiligen Schrift; 573):

> „Lieben Kinder, ,die Welt vergehet mit ihrer Lust. Wir fahren dahin wie ein Traum, und sind wie ein Schlaf: gleich wie ein Gras, das doch bald welk wird, das frühe blühet und bald welk wird, und des Abends abgehauen wird und verdorret. Unser Leben währet siebenzig Jahr, und wenn's hoch kommt, so sind's achtzig.' Dann müssen wir sterben, müssen alles, was uns hier nahe und lieb ist, zurücklassen, und allein weitergehen. Und was es im Grabe mit uns sein wird, wissen wir nicht. Wir wissen sowenig, wo wir herkommen, als wo wir hingehen, noch was wir hier eigentlich sollen und sind; und *wir* haben nichts in Händen, darauf wir uns verlassen, und damit wir uns trösten und unser Herz stillen könnten.“

Matthias lebt in den Worten der Bibel, indem er einfach den 90. Psalm zitiert. Was hier in uralter Dichtung gesagt ist, kann er mit eigenen Worten nicht besser sagen. Beispielhaft bekennt er dies, nachdem er das neunte Kapitel des Johannesevangeliums in seinen *Sämtlichen Werken* einfach nur abgeschrieben hat (269): „Ich setze kein Wort zum Text hinzu; und, die Wahrheit zu sagen, es dünkt mir das die beste Methode, wenn man nichts hinzusetzt, denn man verdirbt doch nur daran.“ Nebenbei bemerkt: Genauso übersetzt er die Apologie des Sokrates (d. h. seine Verteidigungsrede vor Gericht) ohne Kommentar, einzig, dass er sie dem Kaiser von Japan zukommen lässt, um ihm damit bei dem Geschäft der Aufklärung zu raten (313-342).

Doch warum beginnt er ausgerechnet mit dem Psalm, der die Vergänglichkeit des Menschen betrachtet? Du erinnerst Dich doch an Freund Hain. Durch ihn, so Claudius, wird uns bewusst, wie begrenzt, wie endlich und wie vergänglich das Leben eines jeden Menschen ist. Vor diesem Hintergrund gewinnt die Religion ihre Bedeutung (573):

„Aber *Gott* hat uns unser Herz gestillet durch eine Schrift, die er selbst frommen und heiligen Männern eingegeben hat, und die darum die *Heilige Schrift,* die *Offenbarung,* oder die *Bibel,* das Buch aller Bücher, genannt wird."

In Kontinuität mit der lutherisch-orthodoxen Lehre von der Inspiration der Schrift stellt er fest, dass sie – gegen die beginnende historische Kritik an ihrer Göttlichkeit – Gottes Offenbarung ist, von ihm gegeben und deswegen durch und durch verlässlich. Das schreibt der Vater seinen Kindern, die gewiss Lessings Herausgabe der Reimarus-Fragmente und die einsetzende historische Kritik an den Berichten der Bibel mitbekommen haben. Macht er es sich hier zu einfach und flieht in ein unkritisches Bibelverständnis? Leider reflektiert er das nicht. Aus Unwissenheit kann das nicht geschehen. Denn obwohl er Baruch Spinoza mit seiner scharfen Bibelkritik kennt, verwirft er ihn nicht, sondern verteidigt ihn als hellsichtigen Philosophen, der das Endliche im Verhältnis zum Unendlichen zu unterscheiden weiß (349).

Leon, gestatte mir deswegen einen Ausflug in *meine* Auffassung! Für mich gibt es zwei Weisen, die Heilige Schrift zu lesen: einmal wissenschaftlich, d. h. historisch-kritisch, und einmal existentiell. In der zweiten Weise versteht der Bote seine Bibel (573):

„In diesem Buch finden wir Nachrichten und Worte, die kein Mensch sagen kann, Aufschlüsse über unser Wesen und über unsern Zustand, und den ganzen Rat Gottes von unsrer Seligkeit in dieser und jener Welt.
So hoch der Himmel ist über der Erde, ist dieser Rat über alles, was in eines Menschen Sinn kommen kann; und Ihr könnet diese *Schrift* nicht hoch und wert genug haben und halten. Doch ist sie, versteht sich, immer nicht die Sache, sondern nur die Nachricht von der Sache."

Es geht ihm in der Schrift nicht um eine historisch genaue Schilderung irgendwelcher Zeitabläufe oder Sachzusammenhänge. Die Bibel ist kein wissenschaftliches Lehrbuch! Ich erinnere mich hier gern an den Satz meines theologischen Lehrers: „Nicht wir", pflegte er zu sagen, „legen die Heilige Schrift aus, sondern die Heilige Schrift legt uns aus."

Hier allerdings ist die Klippe, Leon! Bin ich das Maß aller Dinge, also auch das Maß der Heiligen Schrift, dann bleibt je länger je weniger von ihr übrig. Oder erfahre ich, dass durch diese Schrift in ihrer ganzen Menschlichkeit Gott selbst zu mir redet! In diesem Sinne nimmt Claudius die Schrift als einfaches Zeugnis. Darum könnte man ihn der religiösen Naivität verdächtigen, wenn da nicht das einfache Schlusssätzchen folgte. Die Schrift sei die Nachricht von der Sache, nicht aber die Sache selbst! In dieser fundamentalen Unterscheidung zeigt er, wie er Einfalt des Glaubens und Aufgeklärtheit des Denkens verbindet. Nun wirst Du mich fragen, was die Sache ist? Dazu habe ich eine Antwort in einem anderen Zusammenhang gefunden (BRIEFE AN ANDRES, ERSTER BRIEF; 261):

„Du möchtest gern mehr von unserm Herrn Christus wissen. – – Andres! wer möchte das nicht? Aber bei mir kömmst Du unrecht. Ich bin kein Freund von neuen Meinungen und halte fest am Wort. So gar hasse ich das K o p f brechen an Religionsgeheimnissen; denn ich denke, sie sind eben darum Geheimnisse, daß wir sie nicht wissen sollen, bis es Zeit ist.

Wenn wir ihn nicht selbst sehen können, Andres; so müssen wir denen glauben, die ihn gesehen haben. Mir bleibt anders nichts übrig.

Was in der Bibel von ihm steht, alle die herrlichen Sagen und herrlichen Geschichten sind freilich nicht er, sondern nur Zeugnisse von ihm, nur Glöcklein am Leibrock; aber doch das Beste, was wir auf Erden haben …"

Der Bote hält fest am Wort, ja am Wortlaut. Er hält nichts von Verbesserungen, Umstellungen und Ausmerzungen. Vor allem hält er dann nichts davon, wenn der forschende, rechnende Verstand so die Geheimnisse des Göttlichen entschleiern will. Denn in solchem Begreifen bemächtigt er sich Gottes. Gott aber ist Geist. Und einen Geist hat noch nie ein Mensch gesehen, weder in der Welt noch in sich selbst, geschweige denn begriffen!

Damit verbunden ist die für mich entscheidende Entdeckung des Boten: Die Sache – das ist Christus selbst –, ist in der Schrift verhüllt wie der Priester im aaronitischen Priestergewand.[35] Wir haben – so Claudius – mit der Schrift also nur das Äußere, nur die Glöckchen am Leibrock des Priesters: Die „nudas majestas Dei – die nackte Majestät Gottes", wie Luther sie nennt – kann kein Mensch ertragen! Wir begehren sie so sehr und wollen sie mit unserem Verstand entlarven, ohne uns klarzumachen, dass sie uns das Leben kosten würde. In der unverhüllten Herrlichkeit Gottes würden wir vergehen wie in den ungefilterten Strahlen der Sonne. Leon, da Gott so leicht auf den abstrakten Gedanken, auf ein bloßes Wort reduziert wird, machen wir uns gewöhnlich keinen Begriff von seiner Energie und seiner blendenden Herrlichkeit.

Eines kann dann allerdings jedermann: Gottes Existenz bestreiten, da ja die Existenz der Glöckchen am Leibrock nicht zwingend auf eine Person schließen lässt, die darin steckt. Und ein Zweites kann auch jedermann: die Schriften – also die Glöckchen am Leibrock – wissenschaftlich erforschen. Das nennen wir die historisch-kritische Bibelforschung, die mit der Veröffentlichung der Fragmente Hermann Samuel Reimarus' durch Lessing einsetzt und seit Claudius' Zeiten die wissenschaftliche Diskussion bestimmt. Doch über die Kenntnis der Glöckchen kommt keine Wissenschaft hinaus und bleibt daher meilenweit vom Geheimnis des lebendigen Geistes entfernt.

Daher bin ich der festen Überzeugung, dass wir die Bibel auf zwei Weisen lesen können: Einerseits ist sie ein Buch, von Menschen für Menschen geschrieben. Du findest in ihr alle menschlichen Stärken und Schwächen, die Bücher von Menschen an sich haben. Sie als ein von Menschen geschriebenes Buch zu verstehen, ist die Befreiung der Aufklärung. Über die menschliche Gestalt der Heiligen *Schrift* gibt es eine breite, wissenschaftliche Tradition. Dafür hat sich der Bote freilich nicht interessiert.

Er will die Bibel als *Heilige* Schrift gelesen haben. Dann – gestatte mir ein Gleichnis – ist sie wie ein Fenster. An einem Fenster interessiert mich nicht der Rahmen, sondern das Licht, das ins Zimmer fällt. Wenn ich die Bibel so lese, wird es für mich

dann aufregend, wenn durch sie der Geist Gottes in mich hinein-
leuchtet. Dann widerfährt mir, was die Alten mit Erleuchtung,
Entzündung und Erwärmung umschrieben haben. Das sind die
klassischen Begleiterscheinungen lebendiger Gotteserfahrungen
im Heiligen Geist. Diese zweite Art, der Heiligen Schrift zu begegnen, ist die religiöse. Der Bote hat sie in einer Zeit, in der sich
alles auf den Rahmen stürzte, für sich und andere zu retten und
fruchtbar zu machen versucht.

Mir ist das so wichtig, Leon, dass ich es noch einmal in meinen
Worten zusammenfassen will. Drei Dinge sind mir an Claudius deutlich geworden. Erstens: Subjekt der Heiligen Schrift sind
nicht die Schreiber und Redakteure der verschiedenen Bücher
und Bücherteile. Subjekt ist Gott, der lebendige Geist, der sich
Menschen mitteilen will. Siehst Du Leon, hier beginnt schon der
Glaube. Wenn ich da nicht mitgehen will, ist alles andere vergeblich. Was aber, wenn sich wirklich die Macht, die den Kosmos zeitlich über Jahrmilliarden hat werden lassen und die sich
räumlich über Jahrmilliarden Lichtjahre erstreckt, wenn sich diese Macht dem Menschen in diesem Buch offenbart? Was, wenn
wir Menschen mit unseren kleinen Hirnen und kurzem Leben
dadurch ahnend erfassen können, wer Ursache, Wesen und Ziel
des Kosmos und unserer selbst ist? Dann wären wir bei der Erfahrung eines Matthias Claudius und würden begreifen, wie notwendig und aufregend diese Heilige Schrift ist, die von ihm zeugt.

Zweitens: Die entscheidende Frage des Menschen liegt nicht in
dem, was er wissen kann, sondern in dem, was ihn glücklich und
selig macht. Das gilt nicht nur für ein Leben nach dem Tode, obwohl das in einer Welt, die von der Todeswirklichkeit überschattet wird, eine nach wie vor unverzichtbare Botschaft ist. Sondern
es geht auch um das Glück und die Seligkeit hier in diesem Leben
und um die Bedingungen, unter denen es uns widerfährt.

Drittens: „Die Schrift ist nicht die Sache, sondern nur die Nachricht von der Sache." – Ein kurzer Satz, in dem doch alles gesagt
ist. Denn wie oft findest Du, dass die Menschen an der Nachricht
hängen bleiben, weil sie diese mit Händen greifen können. Die
Sache selbst aber, der Geist und Gott, der in uns und im ganzen
Kosmos lebt, die Person, die in dem Leibrock steckt, bleibt un-

begreiflich und ist doch wirklicher als alles, was wir sehen und anfassen können. Nicht eher sollte ein Mensch ruhen, als bis Gott bei ihm selbst angekommen ist und nicht nur die Vorstellungen und Nachrichten von ihm. Dann könnte derjenige selbst sagen, wie er es mit der Religion hat! Hier – nebenbei bemerkt – findest Du das Mystische bei Claudius in einem kurzen Satz ausgesagt.

Das soll für heute genügen und ich hoffe, Du verstehst nicht nur mein Anliegen, sondern kannst es auch teilen,

herzlichst,
Dein Elias

21. Brief

So hab ich's mit der Religion: Die Frage nach dem Menschen

Lieber Leon,

mein Plädoyer für die Bibel und für Matthias Claudius in Ehren – aber das mit den zwei Weisen des Bibellesens habe Dich noch nicht ganz überzeugt. Ich weiß auch nicht, ob ich Dich je ganz überzeugen kann. Doch habe ich aus meiner theologischen Schule ein einfaches Modell übernommen, an dem ich mir diese Doppelheit klar mache. In der Christologie – der Lehre von Jesus Christus – wurde nach erbittertem Ringen festgehalten, dass Jesus ganzer Mensch und ganzer Gott sei, „in zwei Naturen unvermischt, unverändert, ungeteilt und ungetrennt". So ist im Streit um die Person Jesus Christus im Konzil von Chalcedon entschieden worden. Wie wir ihn bekennen, so können wir auch die Schrift verstehen: ganz menschlich und ganz göttlich, vom ersten bis zum letzten Buchstaben.

Doch was offenbart diese Heilige Schrift über uns Menschen? Wie steht Gott zu uns? Claudius schreibt seinen Kindern (574f):

„Aber Gott ist die Liebe, und die Liebe ruht nicht; sie kann in ihren Wirkungen und in ihrem Wohltun gestöret und gehindert werden; aber sie hört nicht auf zu lieben, wie die Sonne nicht aufhört zu scheinen. Gott hatte den Menschen geliebt, ehe der Welt Grund gelegt ward (Epheser 1,4), und er hatte ihn auch in seiner Not und in seinem Elende nicht aus den Augen verloren. Er hatte sich ihre Scham und Reue rühren lassen, sich *erbarmt*, und ein M i t t e l versprochen.

Und dies Mittel war, daß das Leben, das da ewig und bei Gott war, *erscheinen* (1. Johannes 1,1.2); daß das Wort, das bei Gott und das Gott war, Fleisch werden sollte (Johannes 1,1.14). Und das ist in Christo geschehen."

Siehst Du, wie er hier das Wesen Gottes als Liebe entfaltet, die wie die Sonne unaufhörlich scheint und die in Christus, wie ich gerne sage, ein Gesicht bekommen hat? Um die Notwendigkeit der Erlösung einsichtig zu machen, fährt Claudius – über die anfängliche Betrachtung der Vergänglichkeit hinaus – im Brief an seine Kinder fort (578f):

> „Und mit unserm unsterblichen Geist steht es noch übler. Zwei Kräfte hat ein Geist, e r k e n n e n und w o l l e n ; und die sind beide in uns so zerrüttet, daß sie fast unkenntlich sind.
> Was erkannt werden kann, ist natürlich das Gebiet und Feld des Erkennens, und die Gegenstände in diesem Felde sind die unsichtbaren und ewigen, und die sichtbaren und zeitlichen Dinge."

Damit kommt der Bote zu dem, was durch die Aufklärung so strittig wurde. Inwieweit kann ein Mensch im Bereich des Sichtbaren und Zeitlichen, aber auch des Unsichtbaren und Ewigen aus sich selbst heraus Gültiges erkennen? Je mehr er das könnte, desto weniger bräuchte er das biblische Zeugnis. Dagegen fährt er fort (579):

> „Von jenen, die ohne Zweifel die hauptsächlichsten sind (den Unsichtbaren und Ewigen), e r k e n n e n wir nichts. Wir wissen wohl, wenn wir die sichtbaren vergänglichen Geschöpfe ansehen, daß ein unsichtbarer unvergänglicher Schöpfer sein müsse; wir wissen wohl, wenn wir milde wohlwollende Bewegungen und Gesinnungen in unserm Herzen fühlen, daß irgendwo eine Urquelle der Liebe, ein wesentliches Wohlwollen, ein *lieber Vater,* sein müsse; aber wir sehen ihn nicht und hören ihn nicht, und e r k e n n e n ihn nicht.
> Und von den sichtbaren und zeitlichen Dingen ist unser Wis-

sen z e r r i s s e n und S t ü c k w e r k, und unsere Augen sehen, was wir wollen.“

Vom Unsichtbaren wissen wir so gut wie nichts; aber selbst im
Sichtbaren und Zeitlichen – so Claudius – bleibt unser Erkennen
Stückwerk. Was für die Begrenztheit des Erkennens gilt, das gilt
noch viel mehr für die des Wollens (579f):

„Und so ist es auch mit unserm W o l l e n. Wir wissen, daß
wir r e i n w o l l e n sollten; aber das U n r e i n hängt sich
allenthalben an. Wir fühlen in unserm Gemüt, daß gut gut ist;
wir lieben das Gute und wollen gerne gut sein und das Gute
tun; aber wir können nicht. Das *Fleisch* hindert den *Geist* und
beherrscht ihn, und doch ist er sich seines Vorzugs bewußt
und daß er mehr ist und *herrschen* sollte.“

Beim Wollen spürt er ganz dem nach, was Paulus im siebten Kapitel des Römerbriefs so unübertrefflich beschreibt. Leon, beide
Kräfte des Verstandes, Erkennen und Wollen sind brüchig und
nicht imstande, das Leben ausreichend zu erkennen, geschweige
denn es angemessen zu beherrschen.

Um zu seinem Menschsein zu finden, bedarf der Mensch einer
höheren Lösung, einer Erlösung! Die ist in den Evangelien gegeben. Sie lässt Claudius auf eine für mich erstaunliche Weise lebendig werden. Davon möchte ich Dir eine Kostprobe geben. Es geht
um die Geschichte mit dem Zinsgroschen. Viele Male habe ich sie
ausgelegt und bin immer wieder fasziniert von der Klugheit Jesu,
der in die Falle der Pharisäer nicht hineintappt. Als diese ihm eine
Steuermünze mit dem Bild des römischen Kaisers vorhielten und
fragten, wem nun Steuern zu zahlen seien, fand er eine überaus
weise Antwort. Sie dachten schon, sie hätten Jesus bloßgestellt:
Hätte er geantwortet, man solle dem Kaiser Steuern zahlen, hätten
sie ihn als Verräter des jüdischen Volkes bezichtigen können. Hätten er ihnen geantwortet, dass sie dem Kaiser als Volk Gottes keine Steuern zu zahlen bräuchten, dann hätten sie ihn als Zeloten, d.
h. Terroristen, anzeigen können. Doch Jesus lässt sich eine Mün-
ze vorweisen, fragt, wer darauf abgebildet ist, nämlich der Kaiser,

und gibt die denkwürdige Antwort (Matthäus 22,21): „Gebt dem Kaiser, was des Kaisers ist, und Gott, was Gottes ist."

Bisher war ich von dieser genialen Antwort verblüfft und bin dabei stehengeblieben. Nicht aber so Matthias! Denn er fragt nach der zweiten Hälfte, was denn Gott zu geben sei, weil es Gottes ist? Dafür muss man doch nur auf denjenigen verweisen, der das Bild Gottes an und in sich trägt. Die Antwort Claudius' ist einfach, wesentlich und tief: Der Mensch ist durch seinen Geist zum Ebenbild Gottes geworden und gehört deswegen dem Geist, der Gott ist (267):

> „‚Gebet dem Kaiser was des Kaisers ist, und Gotte was Gottes ist.' Wie klein von außen! Und doch enthalten die Worte nichts Geringers für sie (die Pharisäer) als einen und den einzigen Rat: aus aller ihrer Not zu kommen; denn außer der Herstellung des Ebenbildes Gottes in ihnen war alles übrige löcherichte Brunnen."

Der Mensch gehört – wie die Steuermünze zum Kaiser – Gott, seinem Schöpfer und Herrn und habe sich ihm zu ergeben. Die Wiederherstellung des göttlichen Ebenbildes in uns Menschen durch die Hingabe an Gott – darin liegt für ihn unsere ganze Bestimmung. Sie bewusst zu machen und den Weg zu ihr zu ermöglichen, dazu ist Jesus gekommen. Als das heile Ebenbild Gottes weist dieser den Weg, wie das Ebenbild in uns geheilt werden kann. Leon, durch Matthias Claudius habe ich erstmals die zweite Hälfte dieses Streitgesprächs begriffen! Damit ist alles beantwortet, wonach die Gretchenfrage fragt: Der Sinn der christlichen Religion liegt darin, dass der Mensch sich in die Ebenbildlichkeit Gottes einfindet.

Ich will schließen, nicht ohne noch auf den Schluss des Briefes zurückzukommen. Rührend finde ich nämlich, dass er mit einem Lob auf Luthers Katechismus endet, den er die einfachste Zusammenfassung der christlichen Religion nennt. Das muss ich Dir allein deswegen wiedergeben, weil Du um meine Leidenschaft für die Wiederentdeckung des Katechismus in religiös wissensarmer Zeit weißt (592):

„Der selige Lutherus hat diese Lehre in seinem sogenannten *Kleinen Katechismus* unter *fünf Hauptstücken* gefaßt und sich bei dieser Abteilung die Sache vermutlich so vorgestellt: daß der Mensch zuerst wissen müsse *was* er sein soll, und denn *wie* und *wo durch* er das werden könne, und daß von seiten des Menschen ein *brünstiges Verlangen* und *Wünschen des Herzens,* und von seiten Gottes eine *Annäherung* und *Mitteilung* der *unsichtbaren Güter* erfordert werde; und hat also im *ersten* Hauptstück vom *Gesetz,* im *andern* vom *Glauben,* im *dritten* vom *Gebet,* und im *vierten* und *fünften* von den *heiligen Sakramenten* der *Taufe* und des *Abendmahls* gehandelt. Diese Einteilung ist auch sehr gut, und seine *Hauptstücke* sind kräftig und schön gestellt, und präget sie Eurem Gedächtnis und Eurem Herzen fest und tief ein.

Andre haben andre Ab- und Einteilungen gemacht. An der Form ist am Ende so sehr nicht gelegen, die ist willkürlich; aber die Sachen sind nicht willkürlich, und daran ist alles gelegen."

Auch hier findest Du im letzten Satz etwas von der aufgeklärten Größe seines Denkens. Niemals würde er sich in eine Rechthaberei im Streit um den „wahren" Katechismus verwickeln lassen. Doch die Sache, die durch diesen bezeugt wird, an der hält er treu und beharrlich fest und will dies seinen Kindern und allen seinen zukünftigen Lesern, also auch uns, übermitteln!

Hiermit verbleibe ich
Dein Elias

22. Brief

Kein Schubfach will für Claudius recht passen

Lieber Leon,
wie könnte ich diesen bibeltreuen und frommen Boten aus Wandsbek einordnen? fragst Du mich. Wenn es um die Frömmigkeit geht, scheint er mir ein Pietist zu sein. Wenn er Luther zitiert, gibt er sich mir eher als lutherisch-orthodoxer Theologe zu erkennen. Und wenn er tolerant und weitherzig denkt, gehört er für mich zu den aufgeklärten Geistern. Aber genauer besehen passt er in keines dieser drei Schubfächer ganz hinein, wiewohl er von allen drei Richtungen Gutes übernommen hat.

Ich fange mit dem Pietismus an: Matthias hatte seine Lust nicht nur am Tabak, sondern auch am Schmuggel (Br I, 31; an Schönborn, 1764):

> „Bringen Sie etwas Toback mit, er ist zwar nicht zollfrei, aber unten im coffre in der Mitten kommt keine Hand des Visitierers. Ich habe es selbst erfahren und da können bequem 6-8 Pfund liegen. Der Toback kostet hier à Pfund 16-20 Bankschilling und ist kaum zu rauchen. ... Wenn Sie angekommen sind, lassen Sie Ihre Sachen nur auf der Zollbude stehen und kommen erst zu mich her. Und auf das Schiff nehmen Sie guten Brandwein mit."

Du siehst, er ist kein Kostverächter und kann auch einmal Fünfe gerade sein lassen. Luther hat doch auch seinem Fürsten geschrieben, zuweilen müsse man den Leuten „durch die Finger sehen". Auch seine Freude am Wein und sein Spaß am Lotteriespiel passen nicht zur pietistischen Moral. Du brauchst Dich nur in die Ethik Philipp Jacob Speners zu vertiefen, die mich länger beschäftigt hat. Spener erlaubt zwar grundsätzlich Vieles im Bereich der Adiaphora, d. h. der ethisch frei zu entscheidenden Dinge, schränkt sie aber sogleich wieder ein, da sie der Frömmigkeit gefährlich werden könnten.

Eine tiefere Begegnung hatte Claudius mit Johann August Urlsperger, einem Vertreter des Pietismus und der deutschen Christentumsgesellschaft im 18. Jahrhundert. Urlspergers Trinitätslehre zu erforschen war meine Leidenschaft. Du kannst Dir gar nicht vorstellen, wie überrascht ich war zu entdecken, dass Claudius diesen Urlsperger in dessen letzter Phase seines Lebens persönlich kennenlernte (Br II 200; 31. März 1806):

„Ein gewisser Urlsperger, weiland Senior der protestantischen Kirche in Augsburg und bekannter Schriftsteller, war auf einer Reise zum Verkauf seiner ansehnlichen Bibliothek, seit Jahr und Tag krank in Altona liegen geblieben, und R.(uösch; ein gemeinsamer Freund) hatte gehört, daß er in der äußersten Not und Verlegenheit sei, und schrieb mir deswegen. Die Not war aber so groß nicht, da v. d. Smissen (ein reicher Hamburger Geschäftsmann) sich seiner angenommen hatte, und der es reichlich tun kann. Indes ist der alte 78jährige Mann übel genug daran, da er seine Frau in Öttingen hat und hier also ziemlich verlassen ist, und seines Bruchschadens wegen keine Reisen und Fahren mehr vertragen kann und hier also ohne seine Frau sein Ende wird abwarten müssen. Er hatte uns schon vor einem Jahr besucht, und ich ihn wieder, ohne von seinen äußeren Verhältnissen etwas zu wissen. Ich mochte ihn eigentlich nicht; aber er hat mich neulich versöhnt, da ich ihn über R. fragte; konnte doch der alte Mann vor Weinen kaum sprechen, als er von ihm erzählte, und er wußte nicht und weiß es noch nicht, daß ich R. kenne."

Claudius lässt eine deutliche Distanz zu dem dogmatisch und systematisch um den Gottesgedanken ringenden Urlsperger erkennen. Zeigt sich darin seine Distanz zum Pietismus und zu

Urlspergers theologisch-rationaler Denkungsart? Das Eis zwischen beiden bricht nämlich in dem Augenblick, in dem Urlsperger ihm sein Herz zeigt. In dessen letzten Monaten kümmert sich Claudius rührend um ihn, bringt ihm regelmäßig Essen und versucht ihm beim Verkauf seiner Bibliothek behilflich zu sein. Echtes Mitleid bewegt ihn. Doch inhaltlich verbindet die beiden Männer wenig! Kein Wort verliert der Bote über die Versuche Urlspergers, die Trinitätslehre neu zu denken oder ein alternatives theologisches Seminar zu gründen. Nein, Leon, der Bote ist kein Pietist. Doch kann er grundsätzlich nichts gegen den Pietismus haben, denn er empfiehlt die Cousine Philipp Jacob Speners ihrer Frömmigkeit wegen seiner Tochter Anna (BR II, 51).

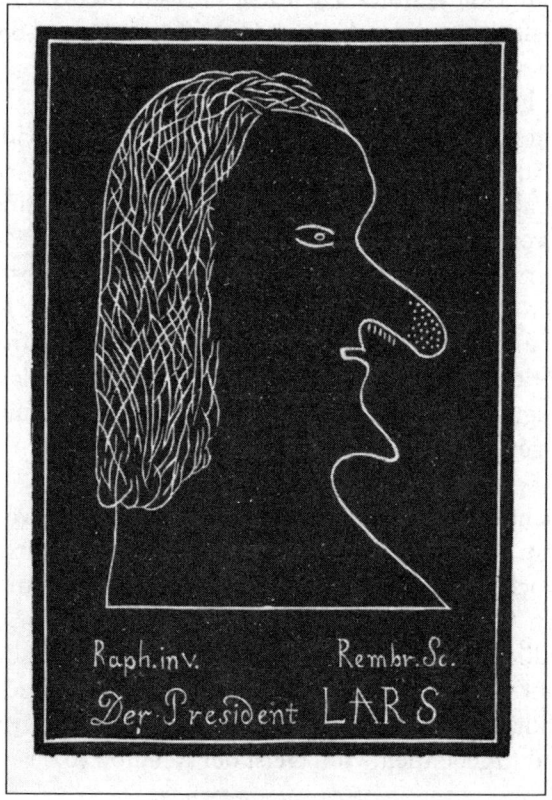

Der Präsident Lars, Kupferstich von Johann Martin Preisler

161

Nun zur lutherischen Orthodoxie und zur Aufklärung! Im Streit zwischen dem orthodoxen Pastor Johan Melchior Goetze und dem aufgeklärten Pastor Julius Gustav Alberti in Hamburg verteidigt der Bote die Position des aufgeklärten Alberti. Dieser hatte eine Schrift zur Erziehung der Jugend herausgegeben, die auf die positiven Seiten des Menschen abzielt. Goetze als sein orthodoxer Gegner bemängelt, dass darin vom Bösen und vom Satan nicht die Rede sei (EINE DISPUTATION; 60ff). Leon, allein wenn Du das Bild des Präsidenten Lars siehst, wirst Du verstehen, wie humorig, ja, ironisch Claudius in diesem Streit mit einer „theologischen Schiedskommission" Stellung nimmt:

Für die beiden Pastoren lässt Claudius die Herren W. (orthodox) und X. (aufgeklärt) unter Vorsitz des Präsidenten streiten. Seine eigene Position wird durch einen Fremden vertreten (65):

„DER FREMDE: Brechen Sie ab, meine Herren, die Art zu streiten schafft nichts Gutes. Sie sind vermutlich beide zu gute Leute, als daß Sie sich sollten erbittern wollen.
Die Wahrheit ist die Tochter des friedlichen Himmels, sie flieht vorm Geräusch der Leidenschaften und vor Zank. Wer sie aber von ganzem Herzen liebhat, und sich selbst verleugnen kann, bei dem kehrt sie ein, den übereilt sie des Nachts im Schlaf und macht sein Gebein und sein Angesicht fröhlich. Es scheint als wenn die Wahrheit Ihnen beiden am Herzen läge, mir liegt sie auch am Herzen. Lassen Sie uns den alten zanksüchtigen Adam wegtun, ob wir sie finden möchten."

Ist das nicht ein wunderbares Wort, das doch sprichwörtlich geworden ist: „Die Wahrheit ist die Tochter des friedlichen Himmels"? Doch nicht allein das. Wahrheit wird nicht nur nicht im erbitterten Streit errungen, sondern schenkt sich im Gegenteil dem friedlich Schlafenden nach der biblischen Weisheit: „Den Seinen gibt's der Herr im Schlaf!" Weder orthodoxe Rechthaberei noch aufklärerische Winkelzüge der Vernunft zeugen von Ehrfurcht und Ergebenheit, vom Geist der Religion (67f):

„DER FREMDE: Aber der Geist der Religion wohnt nicht in den Schalen der Dogmatik, hat sein Wesen nicht in den Kindern des Unglaubens, noch in den ungeratenen Söhnen und übertünchten Gräbern des Glaubens, läßt sich wenig durch üppige glänzende Vernunftsprünge erzwingen, noch durch steife Orthodoxie und Mönchswesen. Und, für Kinder, deren Herz durch die Religion gebessert werden soll, ist freilich der simpelste und kräftigste Ausdruck der beste. Wenn ich bei der Quelle stehe, warum soll ich nicht aus der Quelle trinken; so bin ich doch sicher vor dem Unrat am Eimer."

Hier knöpft Claudius sich beide Parteien vor! Weder erstarrte Dogmatik noch Vernünfteleien tragen den Geist der Religion in sich. Und dann kommt eines der Gleichnisse, die ich bei Claudius so liebe! Mit seinem Bild einer Quelle und eines schmutzigen Eimers verteidigt er die aufgeklärte Position Albertis, der die Jugend aus der Quelle des Guten trinken lassen will. Zugleich tut er die Verbesserungsversuche orthodoxer und aufgeklärter Rationalität als Unrat am Eimer ab. Großartig!

Nun bin ich Dir noch schuldig zu zeigen, was er wirklich verachtet und verspottet: die Halbgelehrten und Neunmalklugen, die sich gern in das Mäntelchen der Vernunft hüllen. Davon will ich Dir abschließend eine Kostprobe geben (EINE CHRIA (d. h. Anekdote), darin ich von meinem akademischen Leben und Wandel Nachricht gebe; 19): „Bin auch auf Unverstädten gewesen, und hab auch studiert. Ne, studiert hab ich nicht, aber auf Unverstädten bin ich gewesen, und weiß von allem Bescheid." Statt Universitäten spricht er von Unverstädten und lässt damit das Unverständliche dieser Stätten anklingen. Dann macht er sich über den philosophischen Dünkel eines Magisters lustig (20):

„So demonstriert' er z. Ex. (d. h. zum Beispiel) daß 'n Student 'n Student und kein Rhinozeros sei. Denn sagte er, 'n Student ist entweder 'n Student oder 'n Rhinozeros; nun ist aber 'n Student kein Rhinozeros, denn sonst müßt 'n Rhinozeros auch 'n Student sein; 'n Rhinozeros ist aber kein Student, also ist 'n Student 'n Student. Man sollte denken, das verstünd sich von selbst, aber unsereins weiß das nicht besser. Er sagte, das Ding ‚daß 'n Student kein Rhinozeros sondern 'n Student wäre' sei eine Hauptstütze der ganzen Philosophie, und die Magisters könnten den Rücken nicht fest genug gegenstemmen, daß sie nicht umkippe."

Leon, da trägt aber einer dick auf! Claudius macht hier eine Logik lächerlich, die in einem Zirkelschluss beweist, was sie zuvor angenommen hat. Doch die Philosophie besteht für den Boten nicht nur aus solcher Logik, sondern aus mehr, und dieses Mehr nimmt er ebenfalls ironisch aufs Korn (20):

„Weil man auf einem Fuß nicht gehn kann, so hat die Philosophie auch den andern, und darin war die Rede von mehr als einem Etwas, und das eine Etwas, sagte der Magister, sei für jedermann; zum andern Etwas gehör aber eine feinere Nas, und das sei nur für ihn und seine Kollegen. Als wenn eine Spinn einen Faden spinnt, da sei der Faden für jedermann und jedermann für den Faden, aber im Hinterteil der Spinne sei ein bescheiden Teil, nämlich das *andre* Etwas das der zureichende Grund von dem *ersten* Etwas ist, und einen solchen zureichenden Grund müß' ein jedes Etwas haben, doch brauche der nicht immer im Hinterteil zu sein. Ich hätt auch mit diesem Axioma, wie der Magister 's nannte, übel zu Fall kommen können. Daran hängt alles in der Welt, sagt er, und, wenn einer 's umstößt, so geht alles über und drunter."

Hier nimmt er das spekulative Denken bestimmter Philosophen auf die Schippe und deren hochnäsige Einbildung, dass nur Gelehrte zureichende Gründe produzieren und verstehen könnten. Mit seinem Gleichnis von der Spinne, deren Faden aus ihrem Hinterteil kommt, gießt er makabren Spott über eine solche Gelehrsamkeit aus, die ihre eigentlichen Geheimnisse im Hinterteil produziert. Leon, im Hinterteil! Ich erspare Dir die deutlichere Fassung nach Götz von Berlichingen. Doch damit nicht genug. Nun entlarvt der Bote spottend den Hochmut solcher Gelehrten (20):

„Denn kam er auf die Gelehrsamkeit, und die Gelehrten zu sprechen, und zog bei der Gelegenheit gegen die Ungelahrten los. Alle Hagel, wie fegt' er sie! Dem ungelahrten Pöbel setzen sich die Vorurteile von Alp, Leichdörnern (d. h. Hühneraugen), Religion etc. wie Fliegen auf die Nase und stechen ihn; aber ihm, dem Magister, dürfe keine kommen, und käm ihm eine, schnaps schlüg er sie mit der Klappe der Philosophie sich auf der Nasen tot. Ob, und was Gott sei, lehr allein die Philosophie, und ohne sie könne man keinen Gedanken von Gott haben usw. Dies nun sagt' der Magister wohl aber nur so. Mir kann kein Mensch mit Grund der Wahrheit nachsagen, daß ich 'n Philosoph sei, aber ich gehe niemals durch 'n Wald, daß mir nicht einfiele, wer doch die Bäume wohl wachsen mache, und denn ahndet mich so von ferne und leise etwas von einem Unbekannten, und ich wollte wetten daß ich denn an Gott denke, so ehrerbietig und freudig schauert mich dabei."

Leon, wie Ohrfeigen schlägt der Bote einer selbstgefälligen, eingebildeten und hochmütigen Gelehrsamkeit ihre Weisheit um die Ohren, vor allem aber ihren Wahnwitz, sie allein könne über Gott lehren und urteilen. Nein, der Glaube an Gott und die Religion erwachsen aus der anbetenden Betrachtung der Schöpfung. Die gibt mehr und offenbart Größeres als jede philosophische Konstruktion! Ach, es macht mir einfach Spaß, dem so spitzen Geist des Boten zu folgen. Gekonnt nimmt er eine verstiegene Gelehrsamkeit seiner Zeit auf die Schippe und lässt sich von deren geschraubten Floskeln nicht einschüchtern.

Nein, dieser Bote lässt sich nicht in ein Schubfach sperren. Von allen nimmt er das Gute und steht doch jenseits von allen Lagern! Vermutlich hat sein Werk deswegen die wechselnden Zeitläufe überlebt. Ich hoffe, auch Du hast beim Lesen Dein Vergnügen gehabt!

Mit herzlichen Grüßen,
Dein Elias

23. Brief

Wie Vernunft und Glaube auseinanderzuhalten sind

Lieber Leon,

wie sich der Bote über die Universitäten und eine aufgeblasene Gelehrsamkeit lustig mache, habe Dich amüsiert. Aber ginge es auch ein wenig ernsthafter? Gewiss! Diesen Ernst findest Du in seiner Kritik *Über die neue Theologie* (AN ANDRES; 596):

> „Du reibst Dir auch die Stirne, Andres, über den Unfug mit der *Bibel,* und daß die Menschen ‚sich so bald abwenden lassen auf ein ander Evangelium, so doch kein andres ist, ohne daß *etliche* sind, die uns verwirren und wollen das Evangelium Christi verkehren'."

Mit dem Zitat aus dem Galaterbrief weist der Bote diejenigen scharf zurück, die nach Paulus das Evangelium verderben. Das gilt seiner Meinung nach auch für die neue Theologie, auch Neologie genannt. Was wirft er ihr vor (596)?

> „(U)und ist, worauf ihrer, so viele und von allen Parteien, ausgehen mehr oder weniger, nichts anders als *ihre Vernunft* in der Religion den Meister spielen zu lassen, und alles was sie nicht begreifen und darin allein die Religion und der Glaube besteht, herauszutun, um in den *Zeiten der Vernunft* auch ihres Orts nicht müßig zu sein, und ihre Ehre in Sicherheit zu bringen."

Leon, er fasst seine Hauptkritik in einer einzigen Erkenntnis zusammen: Die Vernunft erhebt sich über die Religion wie ein Meister über sein Werkstück. Dessen Maßstab ist die Verstehbarkeit und Machbarkeit. Wo diese beiden gegeben sind, kann er Meister sein und die Wirklichkeit meistern! Doch dieses Meistern versagt bei der Religion. Denn ihre innere Mitte ist der unendliche und unbegreifliche Gott, der sich durch keine Vernunft meistern lässt! Wie Gott, so ist auch seine Offenbarung, die Religion, größer als unsere endliche und begrenzte Vernunft. Daher lässt sich auch die Religion nicht meistern! Sie steht über dem Menschen. Wo dieses Verhältnis umgedreht wird und sich der Mensch über die Religion erhebt, verfehlt er sie in ihrem Wesen.

Wenn sich der Mensch über die Offenbarung und über Gott erhebt, dann steht am Ende einer solchen Aufgeklärtheit der Tod Gottes oder, wie Odo Marquard schreibt, Gott muss seine Nichtexistenz nahegelegt werden. Ich muss Dir diesen Gießener Philosophen nahebringen, damit Du einmal seine kompliziert-originelle Schreib- und Denkweise kennenlernst, die übrigens auch den Gedankenstrich, wenn auch in anderer Funktion, über alles liebt:

„Fortan lag es nahe, zu meinen: die Theodizee (d. h. die Rechtfertigung Gottes) gelingt nicht dort, wo – wie bei Leibniz – Gott durch das Schöpfungsprinzip ‚der Zweck heiligt die Mittel' entlastet, sondern erst dort, wo Gott von diesem Prinzip entlastet wird. Wo dieses Prinzip als Prinzip der Schöpfung gleichwohl unangefochten bleibt, muss das schließlich folgende Konsequenz haben: Gott muss – zugunsten seiner Güte – aus der Rolle des Schöpfers befreit, ihm muss – zur Rettung seiner Güte – sein Nichtsein erlaubt oder gar nahegelegt werden. Diese Konsequenz – den Schluss von der Güte Gottes auf seine Nichtexistenz – zieht – nicht zufällig unmittelbar nach 1755 – die moderne Geschichtsphilosophie, indem sie – ich meine: zu dessen Entlastung – statt Gott den Menschen als Schöpfer ausruft und die Wirklichkeit zu jener Schöpfung erklärte, die – wie dies zuerst Vico meinte – der Mensch selber machen kann: zur Geschichte."[36]

Denn der Mensch, mit der Weltregierung Gottes ganz und gar unzufrieden, schaffe Gott ab, um sich an dessen Stelle zu setzen und mittels seines Verstandes eine bessere Welt zu schaffen. Das geht in der Französischen Revolution so weit, dass die Vernunft des Menschen zum Gott erhoben wurde! Hier siehst Du, wohin eine verdrehte, überdehnte Gottesebenbildlichkeit führt! Im Psalm 8 heißt es vom Menschen (Vers 6): „Du hast ihn wenig niedriger gemacht als Gott." Siehst Du, da liegt der kleine, aber angesichts Gottes doch unendlich große Unterschied! Wir sind nur fast wie Gott, aber nicht ganz! Und wo uns dieses „Fast" zu Kopfe steigt und wir uns an die Stelle Gottes setzen, da verfehlen wir uns selbst und stören, ja zerstören uns und unsere Umwelt. Claudius nennt uns Menschen in solcher Verstiegenheit „arme Sünder"! Auch der Theologie ist diese Versuchung nicht fern, wenn sie die Unfassbarkeit der Person Gottes durch göttliches Gedankengut oder das Gute ersetzen und wähnen, nun könne die theologische Vernunft darauf zugreifen.

Claudius bestimmt das Verhältnis von Philosophie und Religion – und damit das von Vernunft und Glauben – klar und einfach. Schon in Asmus' Frage an Vetter Andres wird seine Auffassung deutlich (174):

„Hochgelahrter, Hochzuehrender Herr Vetter!
Ich habe seit einiger Zeit so viel von biblischer und vernünftiger Religion, von orthodoxen und philosophischen Theologen etc. gehört, daß mir alles im Kopf rundum geht, und ich nicht mehr weiß, wer recht und unrecht hat. Die Religion aus der Vernunft verbessern, kömmt mir freilich ebenso vor, als wenn ich die Sonne nach meiner alten hölzernen Hausuhr stellen wollte; aber auf der andern Seite dünkt mir auch die Philosophie 'n gut Ding, und vieles wahr, was den Orthodoxen vorgeworfen wird. Der Herr Vetter tut mir einen wahren Gefallen, wenn Er mir die Sach auseinandersetzt. Sonderlich ob die Philosophie ein Besen sei, den Unrat aus dem Tempel auszukehren ..."

Du siehst, dass Claudius einen Zweifrontenkrieg führt. Denn die Rationalismen und Verschraubtheiten orthodoxer Rechthaberei verdienen mit Recht aus dem Tempel der Wahrheit ausgekehrt zu werden. Das tut die aufklärerische Philosophie. Sie zu verachten ist also ganz und gar nicht seine Sache. Doch überschätzen darf sie sich selber auch nicht, wie aus der Antwort von Andres deutlich wird (175): „Die Philosophie ist gut, und die Leute haben unrecht, die ihr so gar Hohn sprechen; aber Offenbarung verhält sich nicht zu Philosophie wie viel und wenig, sondern wie Himmel und Erde, Oben und Unten!"

Und dann bringt er ein einfaches Gleichnis. Die Seekarte des Gartenteichs von Andres' Vater sei völlig ungeeignet, um sich mit ihr auf dem Ozean zu orientieren, und fährt fort (175):

„Hieraus mögt Ihr nun selbst urteilen, wieweit die Philosophie ein Besen sei die Spinnweben aus dem Tempel auszufegen. Sie kann auf gewisse Weise 'n solcher Besen sein, ja; mögt sie auch einen Hasenfuß nennen, den Staub von den heiligen Statuen damit abzukehren. Wer aber damit an den Statuen selbst bildhauen und schnitzen will, seht, der verlangt mehr von dem Hasenfuß als er kann, und das ist höchst lächerlich und ärgerlich anzusehen."

Klarer und deutlicher kann Claudius seine Kritik an der Rolle der Philosophie nicht äußern! Er begrüßt die Philosophie lediglich da, wo sie Missstände der Theologie aufdeckt. Da ist sie ein reinigender Besen. Dann vergleicht er sie jedoch mit einem Hasenfuß, mit dem man früher vergoldete Statuen auf Hochglanz polierte. Allerdings kann damit niemand Statuen schnitzen, ebenso wenig wie die Philosophie in der Religion schöpferisch wirken kann. Hier lässt sich freilich fragen, Leon, ob er die Philosophie nicht etwas zu klein macht. Denn sie schafft doch den Rahmen für das Verstehen, in dem auch die Heilige Schrift verstanden wird.

Claudius aber liegt einzig und allein an dem wunden Punkt, auf den er seinen Finger legt: Die Vernunft will die Religion verbessern, weil sie sich weiser dünkt als die Offenbarung. Sie ahnt nicht, dass sie mit ihren angeblichen Verbesserungen ihre

Geheimnisse entleeren würde. Damit verkehrt sie das Verhältnis von Gott und Mensch. Sollte es Gott wirklich geben, Leon, ist das zutiefst lächerlich. Wer bin ich denn? Ein kleiner Geistesblitz von nicht einmal hundert Jahren Dauer, der am Ende noch alterstrüb ins Grab sinkt. Und das bin ich angesichts von Milliarden Jahren auf dem Staubkorn Erde im Universum! Dies alles umfasst und durchdringt dagegen der Geist, den wir als Gott anbeten!

Nein, ein Mensch kann höchstens zum Meister seiner Vorstellungen von Gott werden, niemals aber Meister des lebendigen Gottes. Kann der lebendige Gott in die engen Vorstellungen eines Menschen hineinpassen oder wird Gott sie nicht aufsprengen müssen? Das tut er und deswegen sprengt die Religion die Grenzen des Begreiflichen. Wenn ihr Wesen im Näherbringen des Unbegreiflichen liegt, dann bedeutet die Forderung nach Begreiflichkeit ihr Ende. Messerscharf erkennt der Bote, dass bei einer solchen – missverstandenen Aufklärung – der Glaube auf der Strecke bleiben muss.

Doch zurück zum Boten. Ironisch beschreibt er das Geschäft der neuen Theologie (596f):

„Und da nehmen sie nun alles zu Hülfe, Gelehrsamkeit und Wohlredenheit, Altertümer und Sprachgebrauch, Akkommodation (d. h. Anpassung) und Babylonische Teufel, Volkssinn und Volksunsinn, um den offenbaren Verstand und die klaren Worte der *Heiligen Schrift* unmündig und aus *Weiß Schwarz* zu machen. Und andere, die noch wohl lieber beim *Weißen* blieben, laufen mit, weil sie den Wert ihrer Sache nicht kennen, und es ihnen an Kraft und Mut fehlt, den Verdacht der *alten Einfalt* und des *Zurückebleibens* auf sich zu laden."

Hier nennt Claudius die vielfältigen Denkansätze, das Unbegreifliche der Offenbarung begreiflich zu machen. Und außerdem kritisiert er auch die, die sich ihrer Religion schämen und der neuen Vernünftigkeit nachlaufen.

Das Fatale dieser Vernünftigkeit erinnert mich an Claudius' Schlüssel der Tag- und Nachtseite des Bewusstseins. Wenn die Sonne des aufgeklärten Verstandes die heilige Schrift durchleuchtet, findet sie in der Tat ein Machwerk von Menschen vor und kann Vieles aus der Geschichte und dem Werden menschlicher Vorstellungen erklären. Wer dagegen den Mut hat, sich auf die Nachtseite seines Bewusstseins einzulassen und dieser in sich Raum zu geben, welche über alles Begreifen hinausgeht, der wird – wie das Auge in der Nacht – im Dunkel des Geheimnisvollen, Unbegreiflichen und Unberechenbaren etwas von dem unfasslichen Geist wahrnehmen, den wir in Gott verehren. Deswegen unterstreicht der Bote nochmals die wesentliche Unbegreiflichkeit der „Sache", die wir Gott nennen (598): „Wenn das Christentum weiter nichts wäre, als ein klares allen einleuchtendes Gemächte der Vernunft; so wäre es ja keine *Religion* und kein *Glaube* ..."

Allerdings täuschte sich Claudius über den Erfolg des aufklärerischen Gedankenguts (597): „Aber, Andres, Du bist der Meinung, es sei immer solcher Unfug (des Vernunftgebrauchs) gewesen; man solle schweigen und zusehen, bis auch dieser Schwindel wie der Revolutionsschwindel vorübergehe und sie aus Schaden klug werden." Weder der Vernunftschwindel noch der Revolutionsschwindel sind so schnell vorübergegangen, wie der Bote hoffte.

Unabhängig von solchen Hoffnungen bleibt doch sein beißender Spott über Aufklärung und Revolution, den ich Dir nicht vorenthalten will (URIANS NACHRICHT VON DER NEUEN AUFKLÄRUNG, ODER URIAN UND DIE DÄNEN; 459ff):

„URIAN:
Ein neues Licht ist aufgegangen,
Ein Licht, schier, wie Karfunkelstein!
Wo *Hohlheit* ist, es aufzufangen,
Da fährt's mit Ungestüm hinein.
Es ist ein sonderliches Licht;
Wer es nicht weiß, der glaubt es nicht.

DIE DÄNEN:
Erzähl Er doch von diesem Licht!
Was kann es? Und was kann es nicht?

URIAN:
Erst lehrt es euch die Menschenrechte.
Seht, wie die Sache euch gefällt!
Bis jetzo waren Herr und Knechte,
Und Knecht und Herren in der Welt;
Von nun an sind nicht Knechte mehr,
Sind lauter Herren hin und her.

DIE DÄNEN:
Sind also keine Knechte mehr!
Sind alles Herren hin und her!

URIAN:
Sonst war Verschiedenheit im Schwange,
Und Menschen waren klug und dumm;
Es waren kurze, waren lange,
Und dick und dünne, grad und krumm.
Doch nun, nun sind sie allzumal
Schier eins und gleich, glatt wie ein Aal.

DIE DÄNEN:
Nun aber sind sie allzumal
Schier eins und gleich, glatt wie ein Aal!

URIAN:
Man nannte Freiheit bei den Alten,
Wo Kopf und Kragen sicher war,
Wo Ordnung und Gesetze galten,
Und niemand krümmete kein Haar.
Doch nun ist frei, wo jedermann
Radschlagen und rumoren kann.

DIE DÄNEN:
Doch nun ist frei, wo jedermann
Radschlagen und rumoren kann!

URIAN:
Vernunft, was man nie leugnen mußte,
War je und je ein nützlich Licht.
Indes was sonsten sie nicht wußte,
Das wußte sie doch sonsten nicht.
Nun sitzt sie breit auf ihrem Steiß,
Und weiß nun auch, was sie nicht weiß!

DIE DÄNEN:
Das macht sie gut! ... auf ihrem Steiß –
Und weiß nun auch, was sie nicht weiß!

URIAN:
Religion war *hehre* Gabe
Für uns bisher, war *Himmel*brot;
Und Menschen gingen drauf zu Grabe:
Sie sei, und komme her, von Gott.
Nun kommt sie her, weiß selbst nicht wie? –
Man saugt nun aus dem Finger sie.

DIE DÄNEN:
Nun kommt sie her, wir wissen, wie?
Sie saugen aus dem Finger sie.

URIAN:
Auch wißt ihr wohl vom Potentaten,
Wie der großmächtiglich regiert,
Und wie, ohn Streit und Advokaten,
Dem Szepter Ehr und Furcht gebührt.
Doch nun ist Szepter gar nicht viel,
Nicht besser, als ein -stiel.

DIE DÄNEN:
Uns ist und bleibt der Szepter viel!
Euch lassen wir den – andern Stiel.
Wir fürchten Gott, wie Petrus schreibet,
Und ehren unsern König hoch.

Was Wahrheit ist, und Wahrheit bleibet
Im Leben und im Tode noch;
Das ist uns heilig, ist uns hehr!
Ihr Fasler, faselt morgen mehr.

SCHLUSSCHOR:
Was *himmelan* die Menschen treibet;
Sie besser macht; was Probe hält;
Was Wahrheit ist und Wahrheit bleibet
Für diese und für jene Welt;
Das ist uns heilig, ist uns hehr!
Ihr Fasler, faselt morgen mehr."

Angesichts einer neuen Zeit, die mit der Aufklärung und der Revolution heraufsteigt, will Claudius das Beste der alten Zeit retten, nämlich das Wissen um den Geist, der den Menschen wandelt und wirklich bessert. Diesen findet er in der Religion und im
Glauben an Gott.

An Gott wird denn auch deutlich, wie wenig ein Mensch über
sich selbst überhaupt wissen kann (VALET AN MEINE LESER;
598):

„Sehe doch einer nur an, wie sie (d. h. die Menschen) in die
Welt hereinkommen und wie sie wieder hinausgehen, wes
Standes und Ehren sie sind! – Wer dazu lachen und sich das
aus dem Sinn schlagen, oder sich darüber mit den *Kategorien*
etc. trösten kann, der mag ein Philosoph sein; aber ein vernünftiger Mensch ist er nicht."

Hörst auch Du den kleinen Seitenhieb auf Kant heraus? Claudius
rückt die so wesentliche Frage nach dem Woher und Wohin ins
Zentrum. Keine Philosophie kann sie aus reinem Denken heraus
beantworten. Und bis in diese Stunde gilt: Auch Du weißt nicht,
woher Du kommst und wohin Du gehst. Dazwischen gibt es die
kurze Strecke, die Dein und mein Leben ausmacht (599):

„Und auch zwischen dem Herein und Hinaus, selbst wenn es am besten geht, was ist denn der Mensch, und was hat er? – Er hat Himmel und Erde, Meer und Land, Berg und Tal, Sonne und Mond etc. und die sind groß und herrlich; aber, recht beim Licht besehen, ist alles, was man sieht, doch nur äußere Rinde und Kruste, schöne Kisten und Kasten mit Kleinodien, zwischen denen der Mensch herumgeht wie ein *Knecht,* vor dem der Herr sie verschlossen hat."

Leon, ich werde nicht satt, auf die Gleichnisse unseres Wandsbekers zu hören. Er, der den Mond liebt, er, der die Natur besingt, er, der in allem ein Gleichnis des Ewigen sieht: Er weiß doch, dass all die Herrlichkeiten nur „äußere Rinde und Kruste" sein können. Die eigentlichen Kleinodien – das Wesentliche des Geistes selbst – bleiben uns weitgehend verschlossen.

Wie er die Natur liebt, so weiß er auch die mit dieser Natur gegebene Vernunft zu schätzen (600): „Ja wohl, ist der Mensch groß und göttlich ..." Doch bleibt er nüchtern, was ihre Möglichkeiten angeht und lässt sich nicht verleiten, sie zu überschätzen (600):

„Der Weg, den der Mensch in dem, was Künste und Wissenschaften heißt, dazu einschlägt, ist lobenswert und edel; aber sie sind höchstens, wofür sie auch in alten Zeiten nur gegolten haben, ein Weg und nicht das Ziel; und wer sie für das Ziel nimmt und darin hängenbleibt, der verkauft seine E r s t g e - b u r t um ein *Linsengericht,* der sattelt in der Wüsten ab, um das Pferd zu bewundern und bewundern zu lassen, mit dem er weiter und ins Gelobte Land reiten sollte, wo der A l m o - s e n p f l e g e r wohnt."

Leon, Du erinnerst Dich doch: Im Mittelalter galt die Philosophie als Magd der Theologie. Claudius übersetzt das hier in die Metapher von Weg und Ziel. Die Wissenschaften sind nur der Weg, aber der Weg sind sie! Und das Ziel wird nur im Glauben erkannt, darin aber auch gefunden! Wieder gebraucht der Bote zwei Gleichnisse, um deutlich zu machen, dass der Weg nicht das Ziel sein kann! Das Linsengericht, mit dem Esau sein Erstgeburtsrecht an Jakob verkaufte, steht bei ihm dafür, dass die Vernunft sich mit Momentanem begnügt, damit aber ihre eigentliche Bestimmung verfehlt. Noch deutlicher wird das in seinem Bild eines Wüstenritts, bei dem der Reiter sein Ziel vergisst und stattdessen in Bewunderung seines abgehalfterten Pferdes versinkt. Damit deckt Matthias Claudius das Absurde aller Versuche auf, sich im Denken zu begnügen und das Mittel zum Ziel zu machen. Was tut denn not, damit die Vernunft vernünftig wird? Hier ist der größte aller Philosophen gefragt, dem Platon ein Denkmal gesetzt hat und den auch Claudius so verehrt, dass er seine Apologie, d. h. seine Verteidigungsrede, übersetzt (313ff). Er heißt Sokrates und rühmt sich seiner Unwissenheit (600):

„Die Reinigung kann ja nicht in dem *Gebrauch* des Ungereinigten bestehen, und wenn der Eimer von eigner Weisheit voll ist, kann ja keine andre hinein. Und darum muß, wenn was Gescheutes werden soll, alle eigne Weisheit und aller Selbstdünkel zu Kreuze kriechen und der *sokratischen* U n w i s -s e n h e i t Platz machen. Nur in der Niedre sammlet sich das Wasser und dem Almosen gebührt ein Mann in Lumpen, wie auch Ulysses erfahren hat; denn nicht als Held und Feldherr, sondern in Bettlersgestalt fand er seine Penelope wieder."

Sokrates – der vielgerühmte Leitstern der Aufklärung – wird für Claudius zum Bürgen seiner Auffassung. Nicht in einem angemaßten Wissen, sondern im Wissen seines Nichtwissens war er der Größte unter den Philosophen. Noch jeder Philosoph nach ihm wird sich an ihm messen lassen müssen. Das untermalt Claudius noch gleichnishaft mit Odysseus, der als Bettler verkannt, zu seiner Penelope zurückfindet. Leon, er hätte als Gleichnis auch die Herablassung Gottes in Jesus nehmen können.

Ich will mit Matthias' Einsicht in das Wesen des Glaubens schließen, der ein Lebens- und nicht ein Denkakt ist (601f):

„Aber *Glaube* ist in der gelehrten Welt ein unbekanntes Ding. Er e x i s t i e r t nicht in abstracto, und wo er in die Hand genommen wird, um besehen zu werden, da gebiert er nichts als Hader und Zank; wo er aber in seinem natürlichen Acker, in einem Menschenherzen, wohnet und wurzelt, da zeigt er wohl, was er ist und was er kann, und wie er hier dem Menschen konveniere (d. h. zugut komme)."

Könntest Du Dir ein treffenderes Plädoyer für den so viel belächelten Glauben denken? Ich will es in meiner Sprache sagen: Es ist und bleibt der Glaube eine Herzenssache. Damit meine ich nicht nur, dass er ein Gefühl ist. Sondern das Herz steht als Symbol für die Beziehung meines Geistes mit dem göttlichen Geist und unterscheidet sich von meinem Bewusstsein, das ich eine Kopfsache nenne. Beides hat der Mensch nötig: ein Herz, das sich nach dem Ziel ausstreckt, und einen Kopf, der ihn auf dem Weg zum Ziel führt.

Doch sollst Du nun nicht meinen, dieser Glaube sei blind! Nein, er trägt die ganze Tiefe der Gotteserkenntnis in sich (DAS GROSSE HALLELUJA; 291):

„Vor allem das e n t s t a n d ,
In der Ewigkeiten Stille
>War ein unendlicher Verstand<
>War ein unendlicher Wille<
Ein heilig Wesen, das sich selbst gebar
Und sein wird, was es ist und war;
Das l a u t r e Gut, die Liebe, das L e b e n ,
Mit Friede und Seligkeit umgeben;
Der Erst und Letzte, wunderbar und groß;
Und alles alles alles tief in seinem Schoß;
Das Wesen aller Wesen, W a h r h e i t , Gott!
Sein Name heißt: *Jehova Zebaoth.*
– Er duldet nicht das Böse und den Tod –
Halleluja! Er sprach: es werde!
Da wurden Himmel und Erde."

Wenn wir über den sprechen, der sich – wie Claudius schreibt – als Jehova Zebaoth offenbart, werden wir immer um Worte und Metaphern ringen. Für den Boten ist Gott Geist – unendlicher

Verstand und unendlicher Wille –, und der Geist ist nicht funktional, sondern voller Inhalt: voll des Guten, voll der Liebe und voll des Lebens! Dieser Gott und Geist offenbart sich in Christus (478):

„Wer nicht an C h r i s t u s glauben will, der muß sehen, wie er ohne ihn raten kann. Ich und Du können das nicht. Wir brauchen jemand, der uns hebe und halte weil wir leben, und uns die Hand unter den Kopf lege, wenn wir sterben sollen; und das kann er überschwenglich, nach dem was von ihm geschrieben steht, und wir wissen keinen, von dem wir's lieber hätten.

Keiner hat je so geliebt, und so etwas in sich Gutes und in sich Großes, als die Bibel von ihm saget und setzet, ist nie in eines Menschen Herz gekommen und über all sein Verdienst und Würdigkeit. Es ist eine heilige Gestalt, die dem armen Pilger wie ein Stern in der Nacht aufgehet, und sein innerstes Bedürfnis, sein geheimstes Ahnden und Wünschen erfüllt. Wir wollen an ihn glauben, Andres, und wenn auch niemand mehr an ihn glaubte."

Damit grüße ich Dich herzlich und hoffe, auch Dir wird beim Lesen das Herz warm und der Kopf klar,

Dein Elias

24. Brief

Der Bote und die Politik

Lieber Leon,

nun muss ich beim Boten endlich zum Kapitel Politik kommen, denn er steht mitten in den gewaltigen Umwälzungen seiner Zeit, ist er doch ein Zeitgenosse der Französischen Revolution! Nicht nur Aufklärung und neue Wissenschaft, Industrialisierung und Weltreisen prägen sein Leben. Sondern er wird Zeuge eines totalen Umbruchs im Politischen, einer Revolution, welche die Menschenrechte und die vielgerühmte Dreiheit von „Freiheit, Gleichheit, Brüderlichkeit" verwirklichen will.

Wie verhält sich Matthias Claudius dazu? Konservativ, ganz und gar konservativ! Allzu leicht und billig wäre es, ihn aus heutiger Perspektive zu verwerfen. Deswegen will ich Dir eine Lanze für das Konservative brechen. Es ist eine bis in unsere Gegenwart hinein wenig geschätzte, aber doch elementare Grundhaltung. Der Grund: Seit mehr als zweihundert Jahren leben wir im Geist der Revolution – ich persönlich geprägt von der Achtundsechziger! Dem einseitig revolutionären Bewusstsein geht leicht die Einsicht dafür verloren, dass sich das Konservative und das Revolutionäre polar zueinander verhalten, d. h. das eine gibt es nicht ohne das andere!

Insofern der Konservative das Gute des Vergangenen bewahren will, sind seine Bemühungen um die Bewahrung unverzichtbar. Insofern der Revolutionäre das unterdrückte Gute befreien will, sind seine Umstürze ebenfalls unverzichtbar. Beides gehört also zusammen wie der Tag und die Nacht, das Glück und das Leid und alle anderen Polaritäten in unserem Dasein. Du ahnst vielleicht schon, dass keiner beide Positionen in einer Person vertreten kann. Die entgegengesetzten Positionen können gleichzeitig nur von verschiedenen Parteien vertreten werden, die im lebendigen Ringen um das Gute stehen.

Der Wandsbeker Bote vertritt nun die konservative Seite im Kampf für das Gute. Ich fange mit dem Bauerntum an, das er so hoch zu schätzen weiß und zu dem – seit alters her – der Adel gehört. Das kann ich Dir besonders gut an seinem Bauernlied zeigen. Es hat als Erntedanklied *Wir pflügen und wir streuen* Eingang in die Kirchengesangbücher gefunden (EG 508; mit anderer Melodie und anderem Refrain). Darin macht Matthias den eigentlichen Sinn der Adelsherrschaft, das Edelsein, bewusst und besingt die Gediegenheit und Treue des gewachsenen Bauerntums. Sein Bauernlied ist in eine große Geburtstagsfeier des redlichen Bauern Paul Erdmann eingefügt, zu der Asmus und Andres eingeladen werden und die mit den adligen Herrschaften zusammen gefeiert wird.

Dabei gehen dem Lied längere Dialoge über die Schlichtheit des Bauernstandes und über das Edle des Adels voraus. Nicht unkritisch schildert er dabei auch die negativen Seiten des Adelsstandes am Herrn von Saalbader. Hiervon habe ich Dir ja schon eine Kostprobe gegeben.

Hier bekommst Du nun den Text des Bauernliedes (206-211):

„**Der Vorsänger Hans Westen**
Im Anfang war's auf Erden
Nur finster, wüst, und leer;
Und sollt was sein und werden,
Mußt es woanders her.

Coro. Alle Bauern
Alle gute Gabe
Kam oben her, von Gott,
Vom schönen blauen Himmel herab!

Vorsänger
So ist es hergegangen
Im Anfang, als Gott sprach;

Und wie sich's angefangen,
So geht's noch diesen Tag.

Coro
Alle gute Gabe
Kömmt oben her, von Gott,
Vom schönen blauen Himmel herab! (R.)"

Der Kehrreim im heutigen Kirchenlied singt sich flüssiger als der von Claudius gedichtete: „Alle Gute Gabe / Kommt her von Gott dem Herrn / Drum dankt, ihm dankt, / Drum dankt, ihm dankt / und hofft auf ihn." Doch das nur nebenbei. Die ersten beiden Strophen finden sich im Gesangbuch nicht. Hier betrachtet der Bote, wie die Schöpfung aus dem Chaos hervorging und so bis heute weiter hervorgeht. Dabei hebt Claudius das Werden alles Guten ins Bewusstsein, das doch den Verstand zum Staunen verlocken will. Diese Welt bildet sich nicht aus Chaos und Zufall, sondern aus dem Geist, den wir als Gott und Vater bekennen.

Übrigens: Die von Claudius selbst komponierte Melodie zu diesem Lied hat er seinen *Sämtlichen Werken* beigefügt. Sie hat sich allerdings nicht durchgesetzt.

Es ist typisch für seine Musikliebe, dass er für sein Lied sogar eine eigene Melodie komponiert.

Doch nun geht es – mir aus dem Gesangbuch recht vertraut – mit der Betrachtung bäuerlichen Wirkens weiter, dessen Besonderheit doch in Zusammenarbeit mit der Natur liegt. Wunderbar hebt das der Bote hervor, wie unser Tun und Gottes Wirken ineinandergreifen:

Originalmelodie des Bauernliedes von Matthias Claudius

„Vorsänger
Wir pflügen, und wir streuen
Den Samen auf das Land;
Doch Wachstum und Gedeihen
Steht nicht in unsrer Hand. (R.)

Vorsänger
Der tut mit leisem Wehen
Sich mild und heimlich auf,
Und träuft, wenn wir heimgehen,
Wuchs und Gedeihen drauf. (R.)

Vorsänger
Der sendet Tau und Regen,
Und Sonn- und Mondenschein,
Der wickelt Gottes Segen
Gar zart und künstlich ein. (R.)

Vorsänger
Und bringt ihn denn behende
In unser Feld und Brot;
Es geht durch seine Hände,
Kömmt aber her von Gott. (R.)

Vorsänger
Was nah ist und was ferne,
Von Gott kömmt alles her!
Der Strohhalm und die Sterne,
Der Sperling und das Meer. (R.)

Vorsänger
Von *Ihm* sind Büsch und Blätter,
Und Korn und Obst von *Ihm*,
Von *Ihm* mild Frühlingswetter,
Und Schnee und Ungestüm. (R.)

Vorsänger
Er, Er macht Sonnaufgehen,
Er stellt des Mondes Lauf,
Er läßt die Winde wehen,
Er tut den Himmel auf. (R.)

Vorsänger
Er schenkt uns Vieh und Freude,
Er macht uns frisch und rot,
Er gibt den Kühen Weide,
Und unsern Kindern Brot. (R.)"

Claudius bewahrt in diesem Erntelied die Erinnerung an ein Bauernleben, wie es über Jahrtausende die Geschichte der Menschheit geprägt hat. Das ist gar nicht zu unterschätzen. Denn die Welt, die uns beide heute bestimmt, ist nicht zuerst vom Wachsen und Fruchten der Natur bestimmt, sondern vom Erfinden und Machen in Wissenschaft und Technik. Der moderne Bauer ist ein Industriewirt und wissenschaftlich-technisch hochgerüsteter Unternehmer in Sachen Landwirtschaft. In dieser Welt der gewaltigen Trecker mit Satellitensteuerung und der computerunterstützten Fütterungs- und Melkanlage erinnert Claudius' Lied daran, dass doch nach wie vor unter allem Erfinden und Machen das Wachsen und Fruchten, das Geben Gottes die Grundlage auch unseres Lebens bleibt.

Die folgenden drei Strophen sind nicht ins Gesangbuch übernommen worden. Sie zeugen aber nochmals davon, wie unerschütterlich fest Claudius' Glaube an Gott, den Geber aller Gaben, gegründet ist (209f):

„**Vorsänger**
Auch Frommsein und Vertrauen,
Und stiller edler Sinn,
Ihm flehn, und auf Ihn schauen,
Kömmt alles uns durch *Ihn.* (R.)

Vorsänger
Er gehet ungesehen
Im Dorfe um und wacht,
Und rührt die herzlich flehen
Im Schlafe an bei Nacht.

Vorsänger. Coro fällt ein
Darum, so wolln wir loben,
Und loben immerdar
Den großen Geber oben.
Er ist's! und Er ist's gar!"

Gott beschenkt nicht nur durch die Schöpfung, er schenkt auch Glauben und Vertrauen. Wer das erkennt, muss mit Matthias Claudius in den Lobgesang einstimmen, den er seinen Bauern in den Mund legt. Schließlich fügt er noch drei Paul Erdmann – dem Geburtstagskind – gewidmete Strophen an, die seine Tüchtigkeit besingen und ihm Segen wünschen. Die erspare ich Dir und mir.

Zum Bauerntum gehört seit Alters her der Adel. Grundsätzlich bejaht der Bote damit die bewährte Dreiständegesellschaft: Lehrstand, Wehrstand, Nährstand. So hat sie doch schon Platon in seinem *Staat* gelehrt. Er verteidigt diese Grundstruktur politischen Wirkens vehement, gegen alle Umsturzversuche seiner Zeit. Weil er aber auch um Missbräuche weiß, mahnt er den Adelsstand an, in seinen Werken edel und tüchtig, d. h. wirklich adlig, zu sein (MEIN NEUJAHRSLIED; 14):

„Gut sein! Gut sein! Ist viel getan,
Erobern ist nur wenig;
Der König sei der beßre Mann,
Sonst sei der beßre König."

Leon, so ist doch auch der Adel entstanden. Die Besten, die Tüchtigsten sie wurden zu Herren und die Bauern zu Knechten. Die Haltung zum Tod – so Georg Wilhelm Friedrich Hegel in seiner Phänomenologie des Geistes – unterscheidet Herr und Knecht. Der Herr wage es, dem Tod ins Auge zu sehen und in den Krieg zu ziehen.[37]

Aber diese Ursprünge liegen weit zurück. In der Geschichte des Adels schleichen sich immer wieder Schmarotzertum und Machtmissbrauch ein. Davor verschließt der Bote sein Auge nicht. Er kritisiert seinen adligen Herrn von Schimmelmann, der mit dubiosen Waffengeschäften und Sklavenverkauf seinen

Reichtum gemacht haben soll, zusammen mit der europäischen Kolonisation in folgenden Versen (DER SCHWARZE IN DER KAFFEEPLANTAGE; 17f):

„Weit von meinem Vaterlande
Muß ich hier verschmachten und vergehn,
Ohne Trost, in Müh und Schande;
Ohhh die weißen Männer!! klug und schön!

Und ich hab den Männern ohn Erbarmen
Nichts getan.
Du im Himmel! hilf mir armen
Schwarzen Mann!"

Nein, blind war er nicht! Sogar einen Hirsch – nachdem er die höfische Jagd in Darmstadt kennengelernt hat – lässt er brieflich beim Fürsten um Erbarmen bitten (*Schreiben eines parforcegejagten Hirschen an den Fürsten der ihn parforcegejagt hatte, d.d. jenseits des Flusses*; 156f):

„... Durchlauchtiger Fürst, Gnädigster Fürst und Herr!
Ich habe heute die Gnade gehabt, von Ew. Hochfürstlichen Durchlaucht parforcegejagt zu werden; bitte aber untertänigst, daß Sie gnädigst geruhen, mich künftig damit zu verschonen. Ew. Hochfürstl. Durchl. sollten nur *einmal* parforcegejagt sein, so würden Sie meine Bitte nicht unbillig finden. Ich liege hier und mag meinen Kopf nicht aufheben, und das Blut läuft mir aus Maul und Nüstern. Wie können Ihr Durchlaucht es doch übers Herz bringen, ein armes unschuldiges Tier, das sich von Gras und Kräutern nährt, zu Tode zu jagen? Lassen Sie mich lieber tot schießen, so bin ich kurz und gut davon. Noch einmal, es kann sein, daß Ew. Durchlaucht ein Vergnügen an dem Parforcejagen haben; wenn Sie aber wüßten, wie mir noch das Herz schlägt, Sie täten's gewiß nicht wieder, der ich die Ehre habe zu sein mit Gut und Blut bis in den Tod etc. etc."

Mir scheint, er setzt hier die Tradition der Hofnarren fort, die in scherzhafter Form ihren Obrigkeiten Wahrheiten „ins Gesangbuch" schreiben konnten, die diese sich direkt nicht hätten sagen lassen. Nein, üble Herrschaft weiß er in einem Gedicht angesichts des drohenden Todes zu kritisieren (AN DEN TOD, an meinem Geburtstag 1773; 851f):

> „Laß mich, Tod, laß mich noch leben! –
> Sollt ich auch wenig nur nützen
> Werd ich doch weniger schaden,
> Als die im Fürstenschoß sitzen
> Und üble Anschläge geben;
> Und Völkerfluch auf sich laden;
> Als die da Rechte verdrehen,
> Statt nach dem Rechten zu sehen;
> Als die da Buße verkünden,
> Und häufen Sünden auf Sünden;
> Als die da Kranken zu heilen,
> Schädliche Mittel erteilen;
> Als die da Kriegern befehlen,
> Und grausam ihnen befehlen;
> Der Helden Kriegskunst nicht nützen,
> um Länder weise zu schützen.
> Tod, wenn sich diese nicht bessern,
> Nimm sie aus Häusern und Schlössern!
> Und wenn du sie nun genommen,
> Dann Tod, dann sei mir willkommen."

Leon, hier triffst Du seinen Galgenhumor angesichts des Todes wieder. Der Tod soll Gericht über die halten, die ihre Macht missbrauchen. Und wenn er da seine Arbeit getan haben sollte, dann könne er auch zu ihm, dem Geburtstagskind, kommen.

Lebenslang hält er mit allen Fasern seines Wesens an der überkommenen Herrschaftsordnung fest. Das bringt er in einem Gedicht zum Ausdruck, das ich mit der Tradition einen Fürstenspiegel nenne, weil den Herrschenden darin ihre Tugenden vor Augen gehalten werden (KRON' UND ZEPTER, 1795; 543f):

„Die sind keine Menschen-Habe,
Wie die Rede geht,
Sind ursprünglich Himmels-Gabe,
Heiliges Gerät,

Damit Gott den König zieren,
Und fein sanft und still,
Durch ihn, seine Welt berühren
Und sie segnen will.

Jeder König sei des hehren
Großen Rufes wert! – ...

Muss, wie Gott, zu allen Zeiten
Nur barmherzig sein,
Und nur Licht und Recht ausbreiten;
Sonst ist er nicht Sein;

Und durch jede seiner Taten,
Wo er des vergisst,
Hat er Gott den Herrn verraten,
Dessen Bild er ist; ...

Was, mit Gott geeinigt, stehet,
Das vergehet nicht; ...
Kann nicht überwunden werden,
Und muss ewig stehn ..."

Wie er das Wesentliche des Bauernstandes bewahrt, so bewahrt
er hierin das Wesentliche des Königsstandes, der den Adel krönt.
Gottes Macht verwirklicht sich – und das ist gute orthodox-luthe-
rische Lehre – im König. In dessen Regieren regiert Gott selbst!
Die Folge: Wer diesen Regierungsstand angreift, legt sich mit
Gott an. Von daher kannst Du vielleicht begreifen, welche Erschütterung die Tötung Ludwig XVI. in Europa auslöste.

Heute wissen wir beide, dass sich seine politisch konservative
Haltung nicht durchgesetzt hat. Im Gegenteil, die von ihm viel-

gescholtene Revolution hat neue Regierungsformen hervorgebracht, die sich weltweit mehr und mehr ausbreiteten. Warum hat Matthias Claudius politisch so konservativ reagiert? Ich habe eine Antwort auf diese Frage gefunden: Anderes muss ihm wichtiger gewesen sein! Weil er die Religion retten wollte, setzte er sich für stabile politische Verhältnisse ein. Deshalb, lass es mich einmal so formulieren, galt für ihn: „Ruhe ist die erste Bürgerpflicht." Da vermute ich eine Nähe zu Luthers politischer Haltung. Auch er hat sich in den Bauernkriegen auf Seiten der Fürsten geschlagen, um die Reformation durch stabile politische Verhältnisse zu retten.

Eugène Delacroix, Die Freiheit führt das Volk, 1830.

Du wirst Dir denken können, dass aus dieser Perspektive die Französische Revolution für ihn – und für einen Großteil der Menschen in Europa – eine Welt zusammenbrechen ließ bzw. den erbittertsten Widerstand wachrief (KLAGE; 673f (*Aus dem Jahr 1793*)):

„Sie dünkten sich die Herren aller Herrn,
    Zertraten alle Ordnung, Sitt' und Weise,
    Und gingen übermütig neue Gleise
Von aller wahren Weisheit fern,
Und trieben ohne Glück und Stern
    Im Dunkeln hin, nach ihres Herzens Gelüste,
Und machten elend nah' und fern.
Sie mordeten den König, ihren Herrn,
Sie morden sich einander, morden gern,
Und tanzen um das Blutgerüste.

Der Chor
Erbarm dich ihrer!

Sie wollten ohne Gott sein, ohn' ihn leben
    In ihrem tollen Sinn;
Und sind nun auch dahingegeben,
    Zu leben ohne ihn.
Der Keim des Lichtes und der Liebe,
    Den Gott in unsre Brust gelegt,
    Der seines Wesens Stempel trägt,
    Und sich in allen Menschen regt,
    Und der, wenn man ihn hegt und pflegt,
    Zu unserm Glücke freier schlägt,
Als ob er aus dem Grabe sich erhübe –
Der Keim des Lichtes und der Liebe
    Der ist in ihnen stumm und tot;
    Sie haben alles Große, alles Gute Spott.
Sie beten Unsinn an, und tun dem Teufel Ehre,
Und stellen Greuel auf Altäre.

Der Chor
Erbarm dich ihrer!"

Grauenhaftes hat sich in dieser Revolution abgespielt. Statt des erhofften Wohlstands brach das alte Regierungssystem zusammen und die Massen verelendeten und verhungerten. Bei den neuen Machthabern schlug der Idealismus in Terror um und die Revolution ertrank im Blutrausch. Wie lässt Goethe im Prolog des Himmels den Mephisto sagen? „Er nennt's Vernunft und braucht's allein, nur tierischer als jedes Tier zu sein …" (WG III, 285f)

Leon, angesichts dessen, was es zu retten gilt, ist mir nur zu verständlich, dass er im Politischen alles beim Alten lassen will. Das innere Verhältnis des menschlichen Geistes zu dem Geist, der Gott ist, hat ihn umgetrieben! Damit ist Matthias Claudius sich selbst treu geblieben Seine Leidenschaft ist nicht die Politik, sondern gehört der Religion. Da hat er Bleibendes entdeckt! Ich schließe für heute und bin neugierig, wie es Dir mit diesem Kapitel aus dem Leben des Boten geht,

Dein Elias

P.S.:

Ich habe noch ein eindrückliches Gedicht gefunden, das ich Dir unbedingt mitteilen muss und für das ich keinen besseren Ort gefunden habe als hier im Zusammenhang mit der Politik. Welche Verantwortung hängt an denen, denen die Macht der Entscheidung gegeben ist (KRIEGSLIED; 236):

> 's ist Krieg! 's ist Krieg! O Gottes Engel wehre,
> Und rede du darein!
> 's ist leider Krieg – und ich begehre
> Nicht schuld daran zu sein!

> Was sollt ich machen, wenn im Schlaf mit Grämen
> Und blutig, bleich und blaß,
> Die Geister der Erschlagnen zu mir kämen,
> Und vor mir weinten, was?

> Wenn wackre Männer, die sich Ehre suchten,
> Verstümmelt und halb tot
> Im Staub sich vor mir wälzten, und mir fluchten
> In ihrer Todesnot?

Wenn tausend tausend Väter, Mütter, Bräute,
So glücklich vor dem Krieg,
Nun alle elend, alle arme Leute,
Wehklagten über mich?

Wenn Hunger, böse Seuch und ihre Nöten
Freund, Freund und Feind ins Grab
Versammleten, und mir zu Ehren krähten
Von einer Leich herab?

Was hülf mir Kron und Land und Gold und Ehre?
Die könnten mich nicht freun!
's ist leider Krieg – und ich begehre
Nicht schuld daran zu sein!"

Ich sehe vor meinem inneren Auge, was sich so vielfach bis heute
in Kriegen abspielt. Obwohl er das *Kriegslied* schon 1779 veröffentlicht, findet es zu seinen Lebzeiten eine grausige Realisierung
in den napoleonischen Eroberungskriegen und den anschließen-
den Befreiungskriegen. Allein in der Völkerschlacht bei Leipzig
1813 sollen rund 100.000 Menschen gefallen sein. Das steigert
sich im 20. Jahrhundert ins Millionenfache! Solange Kriege die
Geschichte der Menschen begleiten, wird die traurige Wahrheit
dieser Verse immer wieder von Neuem aktuell werden.

25. Brief

Claudius, der Mystiker

Mein lieber Leon,
danke, dass Du mich auf den Roman von Stefan Zweig *Marie Antoinette – Bildnis eines mittleren Charakters* aufmerksam gemacht hast. Er liefert den Hintergrund für die Revolution, deren Wellen nach Deutschland hinüberschwappten und die Gemüter erregten. Einerseits schildert Zweig den Rausch verschwenderischer, ja, sinnloser Vergnügungen, in denen sich die Königin Frankreichs ergeht, während das Volk durch Steuern ausgeblutet wird.

„,Ich habe Angst, mich zu langweilen': mit diesem Wort hat Marie Antoinette das Stichwort der Zeit und ihrer ganzen Gesellschaft ausgesprochen. Das achtzehnte Jahrhundert ist am Ende, es hat seinen Sinn erfüllt. Das Reich ist gegründet, Versailles ist erbaut, die Etikette vollendet, nun hat der Hof eigentlich nichts mehr zu tun; die Marschälle sind, da kein Krieg ist, bloße Haubenstücke in Uniformen geworden, die Bischöfe, da dieses Geschlecht nicht mehr an Gott glaubt, galante Herren in violetten Soutanen, die Königin, da sie keinen wahren König zur Seite und keinen Thronfolger zu erziehen hat, eine muntere Mondäne. Gelangweilt und verständnislos stehen sie alle vor der mächtig anströmenden Zeit, mit neugierigen Händen greifen sie manchmal hinein, sich ein paar glitzernde Steinchen zu holen; lachend wie die Kinder spielen sie, weil es ihnen so leicht um die Finger sprüht, mit dem ungeheuren Element. Aber keiner spürt das rasche und raschere Steigen der Flut; und als sie endlich der Gefahr gewahr werden, ist die Flucht schon vergebens, das Spiel bereits verloren, das Leben vertan."

Andererseits zeigt Zweig auch die unaufhaltsame Konsequenz einer Revolution auf, die bis zur Tötung Ludwig XVI. führt.

„Aber jede Revolution ist eine vorwärts rollende Kugel. Wer sie führt und ihr Führer bleiben will, muß nach Art eines Kugelläufers ohne Pause mit ihr weiterrennen, um sich im Gleichgewicht zu erhalten: es gibt kein Stehenbleiben in einer fließenden Entwicklung ... Ihr (der Revolution) Schicksal ist, alle Ruhepunkte, die sie sich gesetzt hat, umzustoßen, ihre Ziele, sobald sie erreicht sind, noch zu übersteigern. Zuerst meinte die Revolution, mit der Kaltstellung, dann mit der Absetzung des Königs ihre Aufgabe erfüllt zu haben. Aber abgesetzt und ohne Krone ist dieser unglückselige, ungefährliche Mann noch immer ein Symbol ... So glaubten die Führer, den politischen Tod Ludwig XIV. noch körperlich vollziehen zu müssen, um vor jedem Rückfall sicher zu sein."[38]

Doch was ist das große Thema der Revolution und wo findet sich dieses Thema bei Claudius wieder, wenn nicht in der Politik? Ihr Thema ist die Freiheit, wie ich erst kürzlich bei Hannah Arendt begriffen habe:

„Vier Jahre nach dem offiziellen Ausbruch der Französischen Revolution, also im Jahre 1793 – zu einem Zeitpunkt, an dem Robespierre seine Gewaltherrschaft als einen ,Despotismus der Freiheit' definieren konnte, ohne daß diese Definition als unverständliches Paradox empfunden worden wäre –, hat Concordet ausgesprochen, was jedermann bereits wußte: ,Das Wort >revolutionär< darf nur angewendet werden auf Revolutionen, deren Ziel die Freiheit ist.' Das Bewußtsein, einem Ereignis beizuwohnen, das eine radikal neue Geschichtsperiode einleiten würde, hatte sich bereits ein Jahr früher geäußert, nämlich bei der Einführung des revolutionären Kalenders, in dem das Jahr der Hinrichtung des Königs und der Ausrufung der Republik als Jahr 1 gezählt wurde."[39]

Freiheit – sie ist das heiße Thema zur Zeit Claudius' – ja, auch der gesamten Neuzeit und Moderne bis in diese Stunde! Doch Matthias Claudius sucht nicht in der Politik, sondern an anderer Stelle. Hier endlich kann ich Dich an die vielzitierte These Karl Rahners erinnern, über die wir schon so oft diskutiert haben, dass der Christ der Zukunft ein Mystiker sein müsse oder er sei überhaupt nicht mehr.[40] Die Freiheit, die Matthias sucht, ist religiöser Natur. Er sucht und findet Gott in der religiösen Erfahrung. Das ist der mystische Zug seiner Religion.

Um Gotteserfahrungen im Inneren machen zu können, braucht er äußerlich Ruhe. Deswegen möchte er, dass in der Politik alles beim Alten bleibt. Deswegen meidet er die Städte, den Lärm der Industrie und die Mühsal der Arbeit! Der Bote aus Wandsbek ist, davon bin ich überzeugt, ein heimlicher Mystiker! Du erinnerst Dich doch an sein Schriftverständnis? Er unterscheidet die Nachricht von der Sache von der Sache selbst und an anderer Stelle gleichnishaft die Glöckchen am Leibrock des Priesters von seiner Person. Dadurch gibt er doch zu erkennen, dass Gott das Eigentliche ist, der in, durch und hinter der Schrift gefunden sein will. Das ist für mich Mystik pur.

Matthias Claudius hat sein Geld auch mit Übersetzen verdient. Man vermutet, dass er die Übersetzung von Louis Claude de Saint Martins Buch *Des erreurs et de la vérité* im Zusammenhang mit seiner Freimaurerloge übernommen hat. Er tauscht sich jedenfalls darüber mit Christian August Heinrich Kurt Graf von Haugwitz – einem Logenbruder – aus (Br I, 288f): „Hier wieder 2 Kapitel, ich schenke sie Dir zum Neujahr, Du Lieber, weil sie so gar köstlich sind. ... Der Sinn des Verfassers wird mir alle Tage heiliger ...“ So angerührt sei er von der Schrift, dass er sie selbst dann noch weiter übersetzen würde, wenn sie nicht gedruckt werden sollte. Doch sie wurde gedruckt. Dabei wird deutlich, dass er nicht nur um des Geldes willen, sondern sich auch innerlich mit den Gedanken dieses Werkes identifizierte (VORREDE DES ÜBERSETZERS. 1782, 212f):

„Das Buch: *Des Erreurs et de la Vérité* ist ein sonderlich Buch, und die Gelehrten wissen n i c h t r e c h t was sie davon halten sollen, denn man versteht es nicht, und man soll doch eigentlich verstehen was man richten will. ... Ich verstehe dies Buch auch nicht; aber ... (ich) finde ... darin einen reinen Willen, eine ungewöhnliche Milde und Hoheit der Gesinnung, und Ruhe und ein Wohlsein in sich. Und das geht einem zu Herzen ..."

(216) „Wir Menschen gehen doch wie im Dunkeln, sind doch verlegen in uns, und können uns nicht helfen, und die Versuche der Gelehrten es zu tun sind nur brotlose Künste. Auch ist das Gefühl eigner Hülflosigkeit zu allen Zeiten das Wahrzeichen würklich großer Menschen gewesen ...

Der Mensch hat einen Geist in sich, den diese Welt nicht befriedigt, der die Treber der Materie, die Dorn und Disteln am Wege mit Gram und Unwillen wiederkäut, und sich sehnet nach seiner Heimat. ...

Was ihm gnügen soll, muß in ihm, seiner Natur, und unsterblich wie er sein ..."

(216f) „Solch eine Weisheit wird freilich in keinem Buch gefunden, wird nicht um Geld gekauft ... Aber sie *ist*, das wissen wir; und wer sich des Odems in seiner Nasen bewußt ist, nimmt das zu Herzen, und wenn er sie in der sichtbaren und materiellen Natur und in seinem eignen Dünkel nicht findet, läßt er sich guten Rat warnen und sucht sie auf einem andern Wege."

Wenn Claudius um vieles Unverständliche in diesem Buch weiß – und es doch auch selbst nicht versteht –, dann gibt es für mich nur einen Grund, warum er sich dennoch damit in die Öffentlichkeit wagt: Er will der Mystik eine Bahn rechen. Aber diese Übersetzung hat ihm nicht viel Ehre eingebracht. Im Gegenteil, wie Du in der Kritik der Weimarer nachlesen kannst (89): „'(S)so aber ist Hopfen und Malz an ihm (Claudius) verloren, zumal er die Grille hat, seine Nase in mystischen und abenteurlichen Unrat zu stecken, daraus denn am Ende freilich nichts Kluges werden kann'". Der Dichter war sich wohl bewusst, wie leicht Saint Simon missverstanden werden konnte und kann. Doch dessen Ahnung, dass ein Mensch nur Frieden finden werde, wenn er sich dem Unvergänglichen zuwende, trifft den Kern der Botschaft, die unser Asmus nicht müde wird, auf jede nur erdenkliche Weise hinauszutragen. Aufregenderweise fügt er direkt nach dieser Vorrede sein wohl berühmtestes Gedicht, sein *Abendlied*, ein: „Der Mond ist aufgegangen ...“

Eine weitere Spur der Mystik findet sich in der Übersetzung dreier Bände von Francois de Salinac de la Mothe Fénelon (1615-1715) durch den Boten. Wie für diesen Freiheit und Mystik zusammengehören, erklärt er in seiner *Vorrede zu der Übersetzung von Fénelons Werken religiösen Inhalts* (541f):

„Der Mensch ist für eine f r e i e E x i s t e n z gemacht, und sein innerstes Wesen sehnet sich nach dem Vollkommnen, Ewigen und Unendlichen, als seinem Ursprung und Ziel. Er ist hier aber an das Unvollkommne gebunden, an Zeit und Ort; und wird dadurch gehindert und gehalten, und von dem väterlichen Boden getrennt.

Und darum hat er hier keine Ruhe, wendet und mühet sich hin und her, sinnet und sorgt, und ist in beständiger Bewegung zu suchen und zu haben, was ihm fehlt und ihm in dunkler Ahndung vorschwebt.

Da er sich aber nicht anders, als in und mit seinem Hindernis, bewegen kann; so ist sein Mühen umsonst und vergebens, was er auch tue und welchen Fleiß er auch anwende. Er kann, rundum in seinem Zirkel, Entdeckungen machen, viel und mancherlei finden, Schönes und Nützliches, Scharfsinniges und Tiefsinniges; aber zu dem Vollkommnen kann er, sich selbst gelassen, nicht kommen; denn er bringt, wie gesagt, gerade was ihm im Wege ist und hindert in alles mit, was er beginnet und tut, und kann nicht über sich selbst hinaus.

Soll er zu seinem Ziel kommen; so muß für ihn ein Weg einer a n d e r n A r t sein, wo das Alte vergeht und alles neu wird, wo das Hindernis, das ihm im Wege ist und hindert und das er selbst nicht abtun kann, durch eine fremde Hand abgetan; und er, nicht sowohl belehrt, als verwandelt und über sich und diese Welt gehoben und so der vollkommnen Natur teilhaftig wird.“

Leon, hier fasst der Bote in Kürze zusammen, wer der Mensch ist, warum er sein Existenzproblem selbst nicht lösen kann und wie der Mensch nur durch eine Verwandlung – biblisch: eine Wiedergeburt – frei werden kann. Er ist durch seinen Körper an Zeit und Raum gebunden und wird durch Aufsprengen der Grenzen von Zeit und Raum niemals zum Unendlichen gelangen. Nur eine geistige Verwandlung kann ihn wirklich befreien (542):

> „Und diesen Weg, der das Geheimnis des Christentums ist, *lästern* und *verbessern* die Menschen, und wollen lieber auf ihrem Bauch kriechen und Staub essen.
>
> Es ist aber darum nicht weniger groß und heilig, und darum nicht weniger wert, daß wer sich des Odems in seiner Nasen bewußt ist alles für nichts achte und Vater und Mutter verlasse, um hineinzuschauen und sein teilhaftig zu werden.
>
> Wenn nun gleich hier mit ‚Weisheit' und ‚Kunst' nichts ausgerichtet ist, und die Gabe Gottes nicht um Geld und um keine zeitliche Gesinnung verkauft wird, und der Mensch nichts nehmen kann, es werde ihm denn vom Himmel gegeben; so kann er sich doch, durch eine gewisse fortgesetzte Behandlung und Richtung Seiner-Selbst, empfänglicher machen, und der fremden Hand den Weg bereiten.
>
> Von diesem Wegbereiten und Empfänglichmachen etc. handelt der Erzbischof Fénelon in den hier übersetzten *Werken* ...“

In gut evangelischer Weise ist sich Claudius – und mit ihm der katholische Fénelon – bewusst, dass der Mensch mit keiner Anstrengung seiner Gebundenheit an Zeit und Raum entfliehen und zu Gott hinaufsteigen kann. Religion heißt, dass sich Gott zu ihm herablassen will! Doch eines kann er: Er kann den Weg für das Kommen Gottes bereiten. Leon, das geschieht heute unter dem Begriff der Spiritualität. Damit der Spiritus, der Geist Gottes, in mir offenbar werden kann, bereite ich mich auf Wegen der Spiritualität auf sein Kommen vor.

Dass Claudius sich hier auf das Werk eines Katholiken stützt, weiß er zu erklären (542f): „Und es kann nicht fehlen, ob er (Fénelon) wohl eigentlich für die Christen seiner *Konfession* geschrieben hat und die der andern, in einigen Punkten, verschiedener Meinung sind, daß nicht alle, denen *ein* Kampf verordnet ist, und die *eine* Hoffnung und *einen* Jesum Christum haben, ihn gern und mit Nutzen lesen werden." Hier findest Du eine bei Claudius typische und echte Toleranz, die über dogmatische Festlegungen hinausgewachsen ist und in der glaubenden, mystischen Erfahrung des einen Christus die Freiheit gewinnt, aus den Schätzen anderer Konfessionen, ja, sogar anderer Religionen zu schöpfen.

Wie intensiv er sich in der Mystik auskennt, zeigt sich in seinem Brief an Amalie, Gräfin Gallitzin (Br I, 339ff). Hier findest Du bekannte und unbekannte Namen aus der reichen mystischen Tradition der Kirche, mit denen Matthias Claudius bekannt und vertraut ist.[41] Unkritisch ist er dabei aber auch hier nicht. Das wird durch eine Berufung auf Johann Georg Hamann in demselben Brief sichtbar. Ich vermute, nun wirst Du wegen der verklausulierten Sprache – eine Lieblingsmarotte der Schriftsteller damals – die Flinte ins Korn werfen. Doch lockt es mich dennoch, Dich mit seiner so verschlüsselten Erkenntnis zu konfrontieren (Br I, 341):

„Man hat freilich, wie der selige Hamann sagt, an einem Scheffel Linsen genug, durch ein Nadelöhr zu werfen, doch hat es sein Gutes, vorausgesetzt, daß die autores probat sind, zu sehn, wie Ein und dieselbe Sache in mehreren eins und verschieden ist, und man kann sich in sich selbst besser finden, auch die Linse wählen, die unserm Finger am besten conveniert."

Was kann er mit diesem Rätselwort gemeint haben? Biblisch heißt es (Markus 10,25): „Es ist leichter, dass ein Kamel durch ein Nadelöhr gehe, als dass ein Reicher in den Himmel komme." In Abwandlung dieses Bildes wollen – frei nach Hamann – geistlich suchende Menschen vergleichsweise Linsen durch ein Nadelöhr werfen. Dieses ebenfalls vergebliche Unterfangen entlarvt die Unmöglichkeit aller Versuche, durch mystische Schriften Gott näher zu kommen. Es bleibt dabei: Kein Weg lässt sich aus dem Irdischen zu Gott hin bahnen. Wenn sich allerdings durch solche

Schriften jemand „in sich selbst besser findet", so Claudius, dann haben sie ihren Zweck erfüllt und zeigen doch auch zugleich, dass viele verschiedene Wege zu dem Einen führen, um dessen lebendige Erfahrung es geht.

Gegen einen aufklärerischen Geist wie August von Hennings, der meint, die Mystik relativieren zu können, wendet er ein (399): „Das Reich der Mystik ist nicht so leicht erschüttert, als er meint. Und wenn es würklich erschüttert wäre; so sollte es nicht erschüttert sein, weil die Mystik ohne Geräusch zu allen Zeiten viel Gutes gewürkt hat, nicht allein in ihrem Reich sondern auch außer demselben."

Leon, das soll genügen. Ich komme zum Schluss. Über das Bisherige hinaus findest Du bei Claudius die außerordentliche Bedeutung religiöser Erfahrung. Sie ist vor allen Lehren, Dogmen und Systemen der heimliche, ja, mystische Orgelton, der im Werk des Boten allenthalben durchklingt. Doch will ich hier abbrechen. Wenn Du noch mehr von seiner religiösen Grundeinstellung wissen willst, als ich Dir bisher vermitteln konnte, dann greife einfach zum achten Teil seiner *Sämtlichen Werke* (1811 erschienen), mitsamt ihrem Anhang, der Predigt eines Laienbruders zu Neujahr 1814! Darin hat er sein geistiges und religiöses Testament – seine dichteste Antwort auf die Gretchenfrage – dargelegt.

Damit verbleibe ich für heute,
Dein Elias

26. Brief

Einfalt, Klugheit und Lebensfreude des Boten

Lieber Leon,
wenn ich so viel über Mystik schreibe, warum dann so wenig über das Gebet, fragst Du. Anfangs hätte ich doch die kühne These aufgestellt, dass Religion im Element des Gebetes lebe. Recht hast Du, und deswegen gebe ich Dir Einiges aus seinen Ausführungen über das Vaterunser wieder, das er übrigens noch ein zweites Mal auslegt (163; vgl. 641-645):

> „Es ist sonderbar, daß Du von mir eine Weisung übers Gebet verlangst; und Du verstehst's gewiß viel besser als ich. Du kannst so *in* Dir sein, und *auswendig* so verstört und albern aussehen, daß der Priester Eli, wenn er Dein Pastor loci wäre, Dich leicht in bösen Ruf bringen könnte. Und das sind gute Anzeichen, Andres. Denn wenn das Wasser sich in Staubregen zersplittert, kann es keine Mühle treiben, und wo Klang und Rumor an Tür und Fenstern ist, passiert *im* Hause nicht viel."

Ich bin immer wieder fasziniert, wie sehr der Bote in der Bibel zu Hause ist. Der Priester Eli verdächtigt die betende Hanna, dass sie betrunken sei. Doch es ist die Ekstase des Schmerzes, die sie so beten lässt und die den Priester gewiss macht, dass ihr Gebet um einen Sohn erhört wird (vgl. 1. Samuel 1). So kann die innere Konzentration der äußeren Erscheinung widersprechen. Sie vermag jedoch im Gegensatz zu einem zerstreuten Geist, der wie zerstäubenes Wasser keine Kraft hat, etwas zu bewegen (163).

„Daß einer beim Beten die Augen verdreht etc. find ich eben nicht nötig, und halte ich's besser: natürlich! Indes muß man einen darum nicht lästern wenn er nicht heuchelt; doch daß einer groß und breit beim Gebet tut, das muß man lästern, dünkt mich, und ist nicht auszustehen. Man darf Mut und Zuversicht haben, aber nicht eingebildet und selbstklug sein; denn weiß einer sich selbst zu raten und zu helfen, so ist ja das kürzeste daß er sich selbst hilft."

Leon, er ist so wunderbar nüchtern und doch zugleich innig. Das Natürliche ist seine Sache und das Echte! Und dann die herrliche Klarheit, dass sich der Mensch, wo er kann, selbst helfen soll. Doch Heuchelei – wie schon Jesus in der Bergpredigt (Matthäus 6,5ff) – und Scheingebete weist er entschieden zurück. Dann aber kommt er zum Eigentlichen des Gebets (163f):

„Das Händefalten ist eine feine äußerliche Zucht, und sieht so aus als wenn sich einer auf Gnade und Ungnade ergibt und 's Gewehr streckt etc. Aber das innerliche heimliche Hinhängen, Wellenschlagen und Wünschen des Herzens, das ist nach meiner Meinung beim Gebet die Hauptsache, und darum kann ich nicht begreifen was die Leute meinen, die nichts von Beten wissen wollen. ..."

Die Bewegung des Herzens – so wirst Du es bei allen großen Betern finden – ist das Eigentliche des Gebets. Luther schreibt dasselbe seinem Barbier Meister Peter (164). Ich bin von dem, was er einem einfachen Mann schreibt, so begeistert, dass ich Dir unbedingt eine Stelle daraus wiedergeben muss:

„Auch sollst du wissen, dass ich diese Worte nicht alle im Gebet gesprochen haben will. Denn da würde doch zuletzt ein Geplapper und nichts als leeres Gewäsch draus, aus dem Buch oder Buchstaben dahergelesen, wie die Rosenkränze bei den Laien und die Gebete der Pfaffen und Mönche gewesen sind. Sondern ich will das Herz damit angereizt und unterrichtet haben, was es für Gedanken beim Vaterunser fassen soll. Solche Gedanken aber *kann das Herz (wenn's recht erwärmt und zu beten gierig ist)* wohl mit ganz anderen Worten, auch wohl mit weniger oder mehr Worten aussprechen. Denn ich binde mich auch selbst nicht an solche Worte und Silben, sondern spreche die Worte heute so, morgen so, wie ich warm und willig bin, bleibe jedoch, so nahe ich immer kann, gleichwohl bei denselben Gedanken und Sinn. Es kommt wohl oft vor, dass ich bei einem Stück oder einer Bitte in so reiche Gedanken verliere, dass ich die andern sechs (Bitten des Vaterunsers) alle anstehen lasse. Und wenn auch solche reichen, guten Gedanken kommen, so soll man die andern Gebete fahren lassen und solchen Gedanken Raum geben und mit Stille zuhören und sie beileibe nicht hindern; *denn da predigt der Heilige Geist selbst,* und ein Wort ist (von) seiner Predigt weit besser als tausend unserer Gebete. Und ich habe so auch oft mehr in einem Gebet gelernt als ich aus viel Lesen und Nachsinnen *hätte kriegen können.* Darum kommt es am meisten darauf an, dass sich das Herz zum Gebet frei und geneigt mache ...[42]

Wann immer das Herz in Bewegung gerät, wird die Beziehung zwischen meinem Geist und Gottes Geist lebendig, die das Eigentliche des Gebetes ausmacht. Ist das Herz erst einmal warm, dann könne man, so Matthias Claudius, frei heraus bitten und solle sich nicht zieren. Doch kann sich ein Mensch im Beten leicht verirren (164):

„Aber das ist eine andre Frage, was und wie wir beten sollen. K e n n t jemand das Wesen dieser Welt, und trachtet er ungeheucheit nach dem was besser ist; denn hat's mit dem Gebet seine gewiesene Wege. Aber des Menschen Herz ist eitel und töricht von Mutterleibe an. Wir wissen nicht was uns gut ist, Andres, und unser liebster Wunsch hat uns oft betrogen! Und also muß man nicht auf seinem Stück stehen, sondern blöde und diskret sein, und dem lieber alles mit anheimstellen der's besser weiß als wir. ...

Matthias weiß darum, dass im Beten das Beste und Größte darin besteht, sich Gott und seinem Willen zu überlassen. Das erinnert mich übrigens an meinen Hermannsburger Lehrer Olav Hanssen, der das Gethsemanegebet in die Mitte seiner Frömmigkeit stellt (Matthäus 26,39): „Nicht wie ich will, sondern wie du willst, Vater" (164). Für den Wandsbeker Boten geschieht das da, wo jemand das Vaterunser zum Leitfaden, ja zum Inhalt seines Betens macht (164)

> „Das >Vater Unser< ist ein für allemal das beste Gebet, denn Du weißt, wer's gemacht hat. Aber kein Mensch auf Gottes Erdboden kann's so nachbeten wie der 's gemeinet hat; wir krüppeln es nur von ferne, einer noch immer armseliger als der andere. Das schadt aber nicht, Andres, wenn wir's nur gut meinen; der liebe Gott muß so immer das Beste tun, und der weiß wie's sein soll. Weil Du's verlangst, will ich Dir aufrichtig sagen, wie ich's mit dem >Vater Unser< mache. Ich denke aber, 's ist so nur sehr armselig gemacht, und ich möchte mich gerne eines Bessern belehren lassen."

Natürlich, nüchtern, echt und bescheiden ist der Bote. Auch sein Beten ist – wie unser aller Beten – weniger als das, was der Herr selbst gebetet hat. Wenn er nun Andres etwas über seine eigene Gebetspraxis schreibt, hält er zuvor die Armseligkeit seines Versuchs fest (164f):

> „Sieh, wenn ich's beten will, so denk ich erst an meinen seligen Vater, wie der so gut war und mir so gerne geben mochte. Und denn stell ich mir die ganze Welt als meines Vaters Haus vor; und alle Menschen in Europa, Asia, Afrika und Amerika sind denn in meinen Gedanken meine Brüder und Schwestern; und Gott sitzt im Himmel auf einem goldnen Stuhl, und hat seine rechte Hand übers Meer und bis ans Ende der Welt ausgestreckt, und seine linke voll Heil und Gutes, und die Bergspitzen umher rauchen – und denn fang ich an: ..."

Kindliche Vorstellungen begleiten ihn bei seinem Gebet. Aber wenn das Vaterunser das Hauptgebet der Christenheit ist, dann ist doch damit auch schon gesagt, dass wir Menschen diesem Vater gegenüber nur Kinder sein können. Wie anders als in kindlichen Vorstellungen will ich mir als Beter vergegenwärtigen, dass ich nun mit dem Geist spreche, der die Welt im Innersten zusammenhält und der nicht nur in meinem Herzen, sondern in den Herzen aller Menschen gegenwärtig ist, ob sie es nun wissen oder nicht. Siehst Du nun, wie sich bis in seine Gebetspraxis hinein eine einfältige Grundhaltung durchzieht? Das Herz kann nicht anders als ganz sein, sich ganz hingeben, ganz glauben und ganz lieben. Ganzheit und Einfalt gehören also zusammen.

Doch sollte sich keiner wegen der Einfalt des Gebets über diesen Boten erheben und meinen, er könne Matthias Claudius in seine Schranken verweisen. Bescheiden tritt er auf, wie beispielhaft seine *Pränumerationsanzeige* des achten Teils seiner *Sämtlichen Werke* bezeugt (605): „Ich habe nicht umgesattelt, und suche, wie bisher, einfältig und bescheiden an die wahre Größe und den inwendigen Wohlstand des Menschen zu erinnern, daß sie ihrer gedenken, und zu rechter Zeit Hand anlegen."

Seine Einfalt und Bescheidenheit erwachsen aus der Einkehr ins Wesentliche und haben nichts mit einer Unklarheit im oder einer Flucht vor dem Denken zu tun. Deswegen muss ich Dir noch etwas harte Kost zumuten. An verschiedenen Stellen blitzt nämlich beim Wandsbeker Boten die Schärfe seines philosophischen Denkens auf. Beispielhaft will ich Dir das an seinem Zusammenstoß mit August von Hennings anzeigen, der sich über die *Bemerkungen* des Oberkonsistorialrats und Generalsuperintendenten Johann Leonhard Callisen meinte erheben zu können. Hier putzt er einen Gegner, der diesen Oberkonsistorialrat und auch ihn selbst unfair zu kritisieren wagt, nach Strich und Faden in seiner Halbbildung herunter. In glänzenden, intellektuellen Paraden widerlegt er ihn auf einundvierzig (!) Seiten (370-411). Hier – für mich das erste und einzige Mal in den *Sämtlichen Werken* – vergisst Claudius sich und seine bescheidene Weise des Auftretens. Er argumentiert scharf und wissenschaftlich genau. Angefangen von Druckfehlern bis hin zu Denkfehlern zeigt er

Hennings, dass dieser sich in Form, Ton und Sache vergriffen habe. Ich will erst gar nicht versuchen, Dich mit den Einzelheiten dieses Streits vertraut zu machen. Das musst Du, wenn es Dich interessiert, schon selbst nachlesen und wirst mir am Ende bestätigen, wie schneidend scharf Claudius denken und argumentieren kann.

Auch in seiner Kritik an Immanuel Kant ist er dem Königsberger Philosophen nicht so unterlegen, wie manche meinen. Dazu will ich Dir exemplarisch zwei Stellen aus seinen Briefen an Jacobi wiedergeben (Br I, 336f):

„Bei anderen Menschen, Philosophen und wes Standes, Denkart und Handwerks sie sonst sind, geht das Treiben immer von Nichts zu Etwas, von Ideen zu Sachen pp. Kant treibt grade umgekehrt von Etwas zu Nichts, er verriegelt und verrammelt sich mit unsäglicher Mühe und Aufwand gegen alle Sache, um auf der weißen Wand seines reinen Bewußtseins der Laterna Magica obzuliegen und sich an Bildern zu weiden, die nichts in der Welt sind als Bilder und mit nichts in der Welt Ähnlichkeit haben als mit sich selbst. Und wenn bei andern Systemen, je nachdem sie der Wahrheit näher sind, das Etwas dazu sie führen, desto reeller ist, so ist beim Kantischen System vermöge einer besonderen eigentümlichen künstlichen Einrichtung, wenn und je mehr er Recht hat, die 0 desto größer und sicherer."

Ich gebe Dir zu, dass wir nun die hohe philosophische Kunst betreten. Denn wer von uns hat schon die *Kritik der reinen Vernunft* gelesen, und wenn er sie gelesen hätte, wer hat sie denn verstanden? Und wenn er sie verstanden hätte, wer würde es wagen, diesem Giganten des Denkens zu widersprechen? Immerhin traut sich ein Matthias Claudius, das zu tun (Br I, 343f):

„Hamann sagt irgendwo: die Natur bis auf die ersten Elemente zergliedern wollen, heiße Gottes unsichtbares Wesen ertappen wollen und sei vergebliche Arbeit. Es gibt für die beste Operation Grenzen, binnen welchen sie nur gut ist und über welche hinaus sie in die Luft streicht. Wie ich ein Samkorn in die Erde lege und begieße und sie (es?) warte und pflege, so geht es auf, blühet und bringt Frucht – und das ist das Geschäft und die Art der wahren Philosophie. Zerteile ich aber das Samkorn in seine Bestandteile, brenne und destilliere es, so kann ich zwar wohl von sein Öl und Salz viel Theorie und Gerede zu wege bringen, aber kein Wachsen, Bühen und Fruchtbringen und das ist das Geschäft und die Art der falschen Philosophie und darin scheinende Tiefe ist Leere und der Schärfstein Spitzstein."

Hier erlebst Du ausschnittsweise den Zusammenstoß zwischen der neuaufbrechenden, analytischen Philosophie der Naturwissenschaft – Immanuel Kant – und der Philosophie als Lebenskunst, wie sie ein Hamann und ein Claudius vertreten. Diese großen Geister unterscheiden sich grundsätzlich in der Richtung ihres Forschens und Fragens. Der eine will wissen, wie das Leben zusammengesetzt ist, und die beiden anderen wollen wissen, wie das Leben sich entfalten kann. Über das Thema Lebenskunst, das gegenwärtig viele Philosophen bestimmt, habe ich Dir ja schon früher geschrieben.

Wie sehr Matthias nicht nur philosophisch, sondern auch praktisch ein Lebenskünstler war, muss ich Dir nicht nochmals beweisen. Beispielhaft soll dafür sein damals berühmtes Rheinweinlied stehen, denn er war kein Kostverächter (RHEINWEINLIED; 172f):

„Bekränzt mit Laub den lieben vollen Becher,
Und trinkt ihn fröhlich leer.
In ganz Europia, Ihr Herren Zecher!
Ist solch ein Wein nicht mehr.

Er kommt nicht her aus Hungarn noch aus Polen,
Noch wo man franzmännsch spricht;
Da mag Sankt Veit, der Ritter, Wein sich holen,
Wir holen ihn da nicht.

Ihn bringt das Vaterland aus seiner Fülle;
Wie wär er sonst so gut!
Wie wär er sonst so edel, wäre stille
Und doch voll Kraft und Mut! ...

Am Rhein, am Rhein, da wachsen unsre Reben;
Gesegnet sei der Rhein!
Da wachsen sie am Ufer hin, und geben
Uns diesen Labewein.

So trinkt ihn denn, und laßt uns allewege
Uns freun und fröhlich sein!
Und wüßten wir wo jemand traurig läge,
Wir gäben ihm den Wein."

Ich könnte Dir nun noch viel von seiner Liebe zu gutem Essen, zum Tabak und zu fröhlichen Festen und zur Musik schreiben. Aber ich hoffe, Du kannst in meine Erkenntnis einstimmen, dass er drei Dinge in seinem Leben vereint: ganz klug, ganz fromm und ganz weltoffen zu sein! Dafür ist mir Matthias Claudius alias Asmus, der Bote aus Wandsbek, ein nach wie vor höchst aktuelles Vorbild,

mit herzlichen Grüßen,
Dein Elias

P.S.:
In seiner Ausführung *Von der Freundschaft* schließt der Dichter mit einem Postskript, das wunderbar auf Dich und mich passt (188): „Es gibt einige Freundschaften, die im Himmel beschlossen sind und auf Erden vollzogen werden."

Statt eines Nachworts

Vielfach findet sich am Ende eines Buches noch ein Nachwort. Auch ich habe eines, allerdings stammt es nicht von mir, sondern ich habe es beim Boten gefunden, sein Brief an seinen Sohn Johannes, als dieser von Zuhause weggeht und eine Lehre beginnt (AN MEINEN SOHN JOHANNES, 1799; 545-548):

„Gold und Silber habe ich nicht; was ich aber habe, gebe ich dir

Lieber Johannes!
Die Zeit kommt allgemach heran, dass ich den Weg gehen muss, den man nicht wieder kömmt. Ich kann Dich nicht mitnehmen; und lasse Dich in einer Welt zurück, wo guter Rat nicht überflüssig ist.
Niemand ist weise von Mutterleibe an; Zeit und Erfahrung lehren hier, und fegen die Tenne.
Ich habe die Welt länger gesehen als Du.
Es ist nicht alles Gold, lieber Sohn, was glänzet, und ich habe manchen Stern vom Himmel fallen und manchen Stab, auf den man sich verließ, brechen sehen.
Darum will ich Dir einigen Rat geben, und Dir sagen was ich funden habe, und was die Zeit mich gelehret hat.

Es ist nichts groß, was nicht gut ist; und ist nichts wahr, was nicht bestehet.
Der Mensch ist hier nicht zu Hause, und er geht hier nicht von ungefähr in dem schlechten Rock umher. Denn siehe nur, alle andre Dinge hier, mit und neben ihm, sind und gehen dahin, ohne es zu wissen; der Mensch ist sich bewusst, und wie eine hohe bleibende Wand, an der die Schatten vorübergehen. Alle Dinge mit und neben ihm gehen dahin, einer fremden Will-

211

kür und Macht unterworfen; er ist sich selbst anvertraut, und trägt sein Leben in seiner Hand.

Und es ist nicht für ihn gleichgültig, ob er rechts oder links gehe.

Lass Dir nicht weismachen, dass er sich raten könne und selbst seinen Weg wisse.

Diese Welt ist für ihn zu wenig, und die unsichtbare siehet er nicht und kennet sie nicht.

Spare Dir denn vergebliche Mühe, und tue Dir kein Leid, und besinne Dich Dein.

Halte Dich zu gut, Böses zu tun.

Hänge Dein Herz an kein vergänglich Ding.

Die Wahrheit richtet sich nicht nach uns, lieber Sohn, sondern wir müssen uns nach ihr richten.

Was Du sehen kannst, das siehe, und brauche Deine Augen, und über das Unsichtbare und Ewige halte Dich an Gottes Wort.

Bleibe der Religion Deiner Väter getreu, und hasse die theologischen Kannengießer.

Scheue niemand so viel, als Dich selbst. Inwendig in uns wohnet der Richter, der nicht trügt, und an dessen Stimme uns mehr gelegen ist, als an dem Beifall der ganzen Welt und der Weisheit der Griechen und Ägypter. Nimm es Dir vor, Sohn, nicht wider seine Stimme zu tun; und was Du sinnest und vorhast, schlage zuvor an Deine Stirne und frage ihn um Rat. Er spricht anfangs nur leise und stammelt wie ein unschuldiges Kind; doch, wenn Du seine Unschuld ehrst, löset er gemach seine Zunge und wird Dir vernehmlicher sprechen.

Lerne gerne von andern, und wo von Weisheit, Menschenglück, Licht, Freiheit, Tugend etc. geredet wird; da höre fleißig zu. Doch traue nicht flugs und allerdings, denn die Wolken haben nicht alle Wasser, und es gibt mancherlei Weise. Sie meinen auch, dass sie die Sache hätten, wenn sie davon reden können und davon reden. Das ist aber nicht, Sohn. Man hat darum die Sache nicht, dass man davon reden kann und davon redet. Worte sind nur Worte, und wo sie so gar leicht und behende dahinfahren; da sei auf Deiner Hut, denn die

Pferde, die den Wagen mit Gütern hinter sich haben, gehen langsameren Schrittes.

Erwarte nichts vom Treiben und den Treibern; und wo Geräusch auf der Gassen ist, da gehe fürbass.

Wenn Dich jemand will Weisheit lehren, so siehe in sein Angesicht. Dünket er sich noch; und sei er noch so gelehrt und noch so berühmt, lass ihn und gehe seiner Kundschaft müßig.

Was einer nicht hat, das kann er auch nicht geben. Und der ist nicht frei, der da will tun können, was er will, sondern der ist frei, der da wollen kann, was er tun soll. Und der ist nicht weise, der sich dünket, dass er wisse; sondern der ist weise, der seiner Unwissenheit innegeworden und durch die Sache des Dünkels genesen ist.

Was im Hirn ist, das ist im Hirn; und Existenz ist die erste aller Eigenschaften.

Wenn es Dir um Weisheit zu tun ist; so suche *sie* und nicht das Deine, und brich Deinen Willen, und erwarte geduldig die Folgen.

Denke oft an heilige Dinge, und sei gewiss, dass es nicht ohne Vorteil für Dich abgehe und der Sauerteig den ganzen Teig durchsäuere.

Verachte keine Religion, denn sie ist dem Geist gemeint, und Du weißt nicht, was unter unansehnlichen Bildern verborgen sein könne.

Es ist leicht zu verachten, Sohn; und verstehen ist viel besser.

Lehre nicht andre, bis Du selbst gelehrt bist.

Nimm Dich der Wahrheit an, wenn Du kannst, und lass Dich gerne ihrentwegen hassen; doch wisse, dass *Deine* Sache nicht die Sache der Wahrheit ist, und hüte, dass sie nicht ineinanderfließen, sonst hast Du Deinen Lohn dahin.

Tue das Gute vor Dich hin, und bekümmre Dich nicht, was daraus werden wird.

Wolle nur einerlei, und das wolle von Herzen.

Sorge für Deinen Leib, doch nicht so als wenn er Deine Seele wäre.

Gehorche der Obrigkeit, und lass die andern über sie streiten.

Sei rechtschaffen gegen jedermann, doch vertraue Dich schwerlich.

Mische Dich nicht in fremde Dinge, aber die Deinigen tue mit Fleiß.

Schmeichle niemand, und lass Dir nicht schmeicheln.

Ehre einen jeden nach seinem Stande, und lass ihn sich schämen, wenn er's nicht verdient.

Werde niemand nichts schuldig; doch sei zuvorkommend, als ob sie alle Deine Gläubiger wären.

Wolle nicht immer großmütig sein, aber gerecht sei immer.

Mache niemand graue Haare, doch wenn Du recht tust, hast Du um die Haare nicht zu sorgen.

Misstraue der Gestikulation, und gebärde Dich schlecht und recht.

Hilf und gib gerne, wenn Du hast, und dünke Dir darum nicht mehr; und wenn Du nicht hast, so habe den Trunk kalten Wassers zur Hand, und dünke Dir darum nicht weniger.

Tue keinem Mädchen Leides, und denke, dass Deine Mutter auch ein Mädchen gewesen ist.

Sage nicht alles, was Du weißt, aber wisse immer, was Du sagest.

Hänge Dich an keinen Großen.

Sitze nicht, wo die Spötter sitzen, denn sie sind die elendesten unter allen Kreaturen.

Nicht die frömmelnden, aber die frommen Menschen achte, und gehe ihnen nach. Ein Mensch, der wahre Gottesfurcht im Herzen hat, ist wie die Sonne, die da scheinet und wärmt, wenn sie auch nicht redet.

Tue was des Lohnes wert ist, und begehre keinen.

Wenn Du Not hast, so klage sie Dir und keinem andern.

Habe immer etwas Gutes im Sinn.

Wenn ich gestorben bin, so drücke mir die Augen zu, und beweine mich nicht.

Stehe Deiner Mutter bei, und ehre sie, solange sie lebt, und begrabe sie neben mir.

Und sinne täglich nach über Tod und Leben, ob Du es finden

möchtest, und habe einen freudigen Mut; und gehe nicht aus der Welt, ohne Deine Liebe und Ehrfurcht für den Stifter des Christentums durch irgend etwas öffentlich bezeuget zu haben.
Dein treuer Vater."

Lieber Leser, mir werden jedes Mal, wenn ich diesen Brief lese, die Augen feucht. Was für eine Weisheit! Welche Lebenserfahrung! Aber auch wie viel Liebe und Güte, Menschenkenntnis und Klugheit sprechen daraus! Fast jeder Satz könnte ein Aphorismus werden, der es für sich allein schon verdient, weitergesagt zu werden. Das alles ist so gelungen, dass ich dem nichts mehr hinzuzufügen habe. Es ist wie bei einem vollendeten Kunstwerk.

Scherenschnitte von Matthias und Rebecca Claudius

Endnoten

[0] Matthias Claudius, *Sämtliche Werke*, München 1976, hg. von Jost Perfahl. Im Folgenden zitiert als: (Seitenzahlen). Vgl. auch Matthias Claudius, *Sämtliche Werke, Gedichte, Prosa, Briefe in Auswahl*, Tempel-Klassiker, Wiesbaden, o.J.

[1] Peter Berglar, *Matthias Claudius*, mit Selbstzeugnissen und Bilddokumenten dargestellt, rowohlts monographien, Hamburg 1972 (hier nach der 5. Auflage, 1992), 44f; im Folgenden zitiert als: (PB und Seitenzahl).

[2] *Wandsbeker Bote* – kursiv und in moderner Schreibweise steht für seine sämtlichen Werke oder die Zeitung „Der Wandsbecker Bothe". In alter Schreibweise steht er immer in Anführungszeichen. Ganz gelegentlich kann er auch Claudius selbst meinen. Dann steht er in Normalschrift.

[3] Hans Jessen (Hg.), *Matthias Claudius, Briefe an Freunde*, Band I, Berlin 1938, zitiert hier und im Folgenden: (BR I und Seitenzahl) und Hans Jessen, Ernst Schröder (Hgg.), Matthias *Claudius, Asmus und die Seinen, Briefe an die Familie*, Berlin 1940; im Folgenden Zitiert als (BR II und Seitenzahl).

[4] Johann Wolfgang von Goethe, *Werke*, Hamburger Ausgabe, Band 3, Faust I, (Im Folgenden als WG III, Verszeilen zitiert), 3374-3413.

[5] Evangelisches Gesangbuch, Ausgabe für die Evangelisch-Lutherischen Kirchen in Niedersachsen und für die Bremische Evangelische Kirche, zitiert als: (EG und Liednummer).

[6] Im Folgenden verdanke ich viele Informationen Kurt Christ, *Flyer zu einer Ausstellung; Anmerkung 62, Asmus, Bote, Urian. Matthias Claudius zum 250. Geburtstag*, Goethe-Museum Düsseldorf, (http://www.goethezeitportal.de/infocenter/goethemuseen/goethe-museum-duesseldorf/schaetze-aus-dem-goethemuseum/faltblaetter-der-ausstellungen/blatt-62-asmus-bote-urian-matthias-claudius-zum-250-geburtstag.html) Zitiert als: (KC und Spaltenzahl).

[7] Erschienen im *Wandsbeker Boten* 1774 (169; vgl. 1005): „C's Rezension kennzeichnet die zwiespältige Aufnahme von Goethes Roman in der zeitgenössischen Literaturkritik, die den poetischen Wert des Werkes anerkannte, gegen den Inhalt aber meinst moralische Bedenken zeigte."

[8] S. 88: „Teutschen Merkur ist herausgekommen des achten Bandes 1. 2. und 3. Stück."

[9] Walter Mugsch, *Tragische Literaturgeschichte,* Zürich 2006 (Nachdruck der zweiten, erweiterten Auflage von 1953; erste Auflage 1948), Seite 55.

[10] Annelen Kranefuss, *Matthias Claudius,* Hamburg 2011, 280; im Folgenden zitiert als: (AK und Seitenzahl).

[11] S. 103: „MORGENLIED*) EINES BAUERMANNS, mit Anmerkungen von meinem Vetter darin er mich zum besten hat."
*) „Es ist mir lieb, Vetter, daß Euch auch die Sonne das Herz einmal warm gemacht hat; mit dem Mond habt Ihr genug geliebäugelt, und ihre Herrlichkeit ist doch größer."

[12] Martin Heidegger, Überlegungen II-IV, (Schwarze Hefte 1931-1938), Frankfurt am Main 2014, Seite 87f, 211. Zweites Zitat Seite 76, 186.

[13] „Gelobet seist du Jesu Christ" (EG 23,5);

[14] Fritjof Capra, *Wendezeit, Bausteine für ein neues Weltbild,* 1986 (12. Aufl.), Seite35.

[15] Aus: Jean Paul, *Werke in drei Bänden,* hg. von Norbert Miller, Band I, München 1969; erstmals veröffentlich 1796/7, 641; zweites Zitat 645. Vgl. auch 643: „Christus fuhr fort: ,Ich ging durch die Welten, ich stieg in die Sonnen und flog mit den Milchstraßen durch die Wüsten des Himmels; aber es ist kein Gott. Ich stieg herab, soweit das Sein seine Schatten wirft, und schauete in den Abgrund und rief: >Vater, wo bist du?< aber ich hörte nur den ewigen Sturm, den niemand regiert, und der schimmernde Regenbogen aus Wesen stand ohne eine Sonne, die ihn schuf, über dem Abgrunde und tropfte hinunter. Und als ich aufblickte zur unermeßlichen Welt nach dem göttlichen *Auge,* starrte sie mich mit einer leeren bodenlosen *Augenhöhle* an; und die Ewigkeit lag auf dem Chaos und zernagte es und wiederkäuete sich. – Schreiet fort, Mißtöne, zerschreit die Schatten; denn Er ist nicht!'"

[16] Martin Heidegger, *Sein und Zeit*, Tübingen 1977, 14. durchgesehene Auflage; zitiert als: (MH SZ und Seitenzahl, hier 243).

[17] Zu dem eigentümlichen Namen der Familie Claudius' habe ich kürzlich bei Kurt Christ eine Bemerkung gefunden, die Dich interessieren wird (KC 3). Er „führt sich zurück auf einen im Jahre 1571 in Nordschleswig ansässigen Prediger namens Claus Paulsen, der seinen Namen latinisierend in Claudius Pauli umwandelte. Die Nachkommen, allesamt wie auch der Vater des >Boten< Lutheraner und Geistliche, ließen den Zunamen wegfallen und trugen fortan den Vornamen Claudius als Familiennamen." Damals gab man sich gern neue Namen in Anlehnung ans Griechische oder Lateinische.

[18] Vgl. Anmerkung 15, MH SZ 251.

[19] Vgl. Anmerkung 15, MH SZ 253.

[20] Franz Schubert, „Für eine Singstimme mit Begleitung des Pianoforte ..." Op. 7, Nr. 3 (Februar 1817; 1011).

[21] Reinhard Görisch, *Matthias Claudius und der Sturm und Drang*, (Diss) Frankfurt 1980, 96ff.

[22] Vgl. Sven-Aage Jorgensen, *Johann Georg Hamann*, Realien zur Literatur, Stuttgart 1976, 77f: „Hamanns Posten war in vieler Hinsicht eine Sinekure (d. i. ein lateinisches Lehnwort: sine cura – ohne Sorge; ein Amt, das mit Einkünften, aber ohne Verpflichtungen verbunden ist). Er las, da der Posten durch die Zollreform seinen Sinn so gut wie verloren hatte, ununterbrochen. Manchmal beschrieb er stilisierend sein Leben als das eines ‚Liebhabers der Langenweile', aber in den Krisen kam dann schnell seine Unzufriedenheit zum Ausdruck. ... ‚Ich muß von 7 des morgens bis zum 5 abends auf meinem Posten Schildwache halten ohne Arbeit als ein leidiges Lesen, wodurch ich mich zu betäuben suche'". Also auch diese Art von Beruf ist nicht so traumhaft, wie sich Matthias das gedacht haben mag. Obwohl in ähnlicher Situation wie der Bote, hält Hamann mit seinem Urteil über Claudius' Defizit nicht zurück (AK 70): „‚Confusionsrath' tauft ihn Hamann ..."

[23] Joseph Piper, *Muße und Kult*, München 1948, 13f: „Es scheint nicht die rechte Zeit zu sein, von der Muße zu reden. Wir sind doch dabei, ein Haus zu bauen; wir haben die Hände voll Ar-

beit. Ist nicht, bis das Haus fertig ist, die äußerste Anspannung aller Kräfte das einzige, das not tut? ... (G)gerade der neue Anfang, just die neue Grundlegung sind es, die eine Verteidigung der Muße notwendig machen. Denn eines der Fundamente der abendländischen Kultur ... ist die Muße."

[24] Michel Foucault *Die Sorge um sich – Sexualität und Wahrheit 3,* Frankfurt am Main 2000, 6. Auflage, französische Erstauflage 1984, 61f. Vgl. *Mut zur Wahrheit, Die Regierung des Selbst und der anderen, II,* Berlin 2010, S. 321f.

[25] Pierre Hadot, *Philosophie als Lebensform, Geistige Übungen in der Antike,* Berlin 1991; französische Erstauflage 1981, 165: „Die Philosophie stellte eine Methode des geistigen Fortschritts dar, welche radikale Umkehr, völlige Änderung der Lebensweise verlangte. Lebensform war die Philosophie also sowohl was ihre Mittel, das heißt ihre Übungen und Anstrengungen, die Weisheit zu erlangen, betrifft, als auch in ihrem Ziel, der Weisheit selbst. Die Weisheit nämlich vermittelt nicht nur Kenntnisse, sondern führt zu einer neuen Seinsweise. Das Paradox und die Größe der antiken Philosophie besteht darin, daß sie sich der Unerreichbarkeit der Weisheit bewußt und gleichzeitig von der Notwendigkeit überzeugt war, den geistigen Fortschritt voranzutreiben."

Pierre Hadot, *Wege zur Weisheit – oder was lehrt uns die antike Philosophie?* Frankfurt am Main, 1999, 16f: „Ich habe die Absicht, in meinem Buch den tiefgreifenden Unterschied aufzuzeigen, der zwischen der Vorstellung von der philosophia in der Antike und der heute üblichen Vorstellung von der Philosophie besteht ... Der philosophische Diskurs hat also seinen Ursprung in einer Lebenswahl und einer existentiellen Entscheidung, nicht umgekehrt. Zweitens werden diese Entscheidung und diese Wahl niemals in der Einsamkeit getroffen: weder Philosophie noch Philosophen gibt es jemals außerhalb einer Gruppe, einer Gemeinschaft, mit einem Wort: einer philosophischen ‚Schule'."

[26] Wilhelm Schmidt, *Philosophie als Lebenskunst: eine Grundlegung,* Frankfurt 1998.

[27] Odo Marquard, *Skepsis und Zustimmung,* Philosophische Stu-

dien, Stuttgart 1994, *Moratorium des Alltags, Ein kleine Philosophie des Festes,* 60.

[28] Hannah Arendt, *Vita activa oder vom tätigen Leben,* München, Zürich 2002, 2006 (4. Auflage TB), 60f. Vgl. 166: Die moderne Arbeitsfreude hat „ihre echte Erfahrungsgrundlage in dem beinahe physischen Gefühl einer Genugtuung, die sich meldet, wenn immer der Mensch das ihm eigene Kraftpotential in seiner ganzen Gewalttätigkeit an der überwältigenden Macht der Elementargewalten misst, denen er in dem Grad standzuhalten vermag, als es ihm gleichsam gelingt, sie zu überlisten, nämlich durch die Erfindung von Werkzeugen die eigene Kraft ungeheuer über ihr natürliches Maß hinaus zu vervielfältigen."

[29] Vergil, *Aeneis,* 4. Buch, 123ff; 165ff.

[30] AK 92: „Der Wandsbecker Bote war kein Stürmer und Dränger, doch dass die neue Schreibmode der in dieser Generation so beliebten Apostrophe und Auslassungen vom Wandsbecker Boten kreiert wurde, war den Zeitgenossen durchaus bewusst."

[31] Hamburg, gedruckt bey Bode. 1775.

[32] Ich kann's nicht lassen, Dir den genauen Nachttopftext wiederzugeben (Br I, 118): „ Nachtöpfe fein gut ... ½ - NB kann auch gespart werden, und die Herren außer der Tür oder aus dem Fenster operieren."

[33] Horaz, *Ode* III, 23, aus: Afranische Lindenblüthen gesammelt von von A. Floessel, E. Pazig, Meissen, 1810, S. 74f: „Wenn Du die Arme hoch zu dem Himmel hebst / Bei Mondes Aufgang ländliche Phidile, / Wenn Du durch Weihrauch und durch neuen / Wein und durch Opfer die Lar'n versöhnt hast; / Dann wird nicht schaden tödtender Pönerwind / Dem vollen Weinstock, und nicht der Brand der Saat ... / Wenn ein reine Hand den Altar berührt / nicht eine schönre reich durch ein Opfer dann / wird (sie) die erzürnten Götter rühren ..."

[34] Martin Heidegger, *Was heißt Denken?* Tübingen 1997, 5. Auflage, S. 20.

[35] Vgl. 2. Mose 28,31-35: „Du sollst auch das Obergewand unter dem Schurz ganz aus blauem Purpur machen. ... Und unten an seinem Saum sollst du Granatäpfel machen aus blauem und rotem Purpur und Scharlach ringsherum und zwischen sie gol-

dene Schellen auch ringsherum, dass eine goldene Schelle sei, danach ein Granatapfel und wieder eine goldene Schelle und wieder ein Granatapfel ringsherum an dem Saum des Obergewandes. Und Aaron soll es anhaben, wenn er dient, dass man seinen Klang höre, wenn er hineingeht ins Heiligtum vor den HERRN und wieder herauskommt; so wird er nicht sterben."

[36] Odo Marquard, *Abschied vom Prinzipiellen*, Stuttgart 1981, hier Nachdruck 1999, *Der angeklagte und der entlastete Mensch*, 48.

[37] Georg Wilhelm Friedrich Hegel, *Phänomenologie des Geistes*, suhrkamp TB, *Sämtliche Werke* 3, Frankfurt 1968, 150ff.

[38] Stefan Zweig, Marie Antoinette – Bildnis eines mittleren Charakters, Frankfurt 1980; 2003, 26. Auflage, 131 und 461f.

[39] Hannah Arendt, *Über die Revolution*, München 1963, 34.

[40] Karl Rahner, *Frömmigkeit früher und heute*, Schriften zur Theologie VII, Einsiedeln 1971[2], 22: „Der Fromme von morgen wird ein ‚Mystiker' sein, einer, der etwas ‚erfahren hat', oder er wird nicht mehr sein ..."

[41] Kritisch geht er mit Gerhard Tersteegens *Geistliche Brosamen* um (Br I, 340): „Ich danke sehr für den Augustinus, er soll bald mit den Brosamen zurückkommen. Diese Brosamen enthalten doch viel Kleien und der gute Tersteegen scheint das Mehl für seinen ‚Weg der Wahrheit' ausgesichtet und gespart zu haben." Weder Catharina von Siena noch Johannes Klimakus kenne er durch eigene Lektüre, allerdings habe er sich über einen Freund mit anderen mystischen Schriftstellern versorgt, als da sind: Johannes vom Kreuz, ein Engländer namens Bromley, über die *Offenbarung Johannes* ein gewisser Marsay, Angelus Silesius *Cherubischer Wandersmann*, Johann von Bernières-Louvigni *Das verborgene Leben Christo in Gott*, P. Johannes Evangelista *Reich Gottes in der Seele* und die *Theologia mystica* eines unbekannten Verfassers (Br I, 340f).

[42] Martin Luther, *Wie man beten soll, Für Meister Peter den Barbier*, hgg. von Ulrich Köpf, Peter Zimmerling, Göttingen 2011, S. 45, Hervorhebungen von mir. Vgl. auch: Meister Peter, Ausführungen zum Amen; Kurt Aland, *Sämtliche Werke* Martin Luthers, Bd. 6, 205ff.

Bildnachweise

Seite 10: aus: Matthias Claudius, Asmus und die Seinen, Briefe an die Familie, Eckart-Verlag (1940), Seite 32a.

Seite 21: aus: Matthias Claudius, Sämtliche Werke, Tempel-Klassiker, Wiesbaden (1970), hg. von Hannsludwig Geiger, Seite 173.

Seite 29: aus: wikimedia.org

Seite 32: aus: Matthias Claudius, Sämtliche Werke, Tempel-Klassiker, Wiesbaden (1970), hg. von Hannsludwig Geiger, Seite 127.

Seite 41: aus: wikipedia.org

Seite 62: Galerie Neue Meister. Staatliche Kunstsammlung Dresden.

Seite 69: aus: Matthias Claudius, Sämtliche Werke, Tempel-Klassiker, Wiesbaden (1970), hg. von Hannsludwig Geiger, Seite 6f.

Seite 77: aus: Matthias Claudius, Asmus und die Seinen, Briefe an die Familie, Eckart-Verlag (1940), Seite 96b.

Seite 100: aus: Matthias Claudius, Sämtliche Werke, Tempel-Klassiker, Wiesbaden (1970), hg. von Hannsludwig Geiger, Seite 128.

Seite 105: aus: Der Wandsbecker Bothe, Erster Jahrgang 1771, neu herausgegeben von Karl Heinrich Rengstorf und Hans-Albrecht Koch, Georg Olms Verlag (1978). Seite XXI.

Seite 111: aus: Matthias Claudius, Asmus und die Seinen, Briefe an die Familie, Eckart-Verlag (1940), Seite 272b.

Seite 119: aus: Matthias Claudius, Sämtliche Werke, München (1976), hg. von Jost Perfahl, Seite 6.

Seite 123: aus: Matthias Claudius, Asmus und die Seinen, Briefe an die Familie, Eckart-Verlag (1940), Seite 96b.

Seite 131: aus: Matthias Claudius, Asmus und die Seinen, Briefe an die Familie, Eckart-Verlag (1940), Seite 176a.

Seite 136: aus: Matthias Claudius, Sämtliche Werke, Tempel-Klassiker, Wiesbaden (1970), hg. von Hannsludwig Geiger, Seite 223.

Seite 161: aus: Matthias Claudius, Sämtliche Werke, Tempel-Klassiker, Wiesbaden (1970), hg. von Hannsludwig Geiger, Seite 61.

Seite 184: aus: Matthias Claudius, Sämtliche Werke, München (1976), hg. von Jost Perfahl, Seite 207.

Seite 191: aus: wikipedia.org

Seite 215: aus: Matthias Claudius, Asmus und die Seinen, Briefe an die Familie, Eckart-Verlag (1940), Seite 176b.